相性で
運命が変わる
福寿縁うらない

中園ミホ

マガジンハウス

人間関係に迷っている方、よりしあわせな人生を送りたい方へ

脚本を書くという仕事を始めて、早いもので35年以上が経ちます。

こんなに長く続けられたのは、かけがえのない大切な人たちに出会えたからです。私の運気を押し上げてくれたのは、才能でも努力でもなく、「出逢い」と「縁」、それに尽きるのです。

親しい友人はみな激しく同意してくれると思いますが、私は筋金入りの怠け者です。子どもの頃からコツコツ努力するということが大の苦手で、苦労したり、逆境に立ち向かっていくより、できるだけラクをして生きていきたいタイプ。その上、大酒飲みで根っからの遊び好き。当然、仕事に集中するまでに時間がかかるし、締め切りは守れないし、業界でも1、2を争う遅筆だということも自覚しています。

そんな私が、今日まで脚本家を続けることができ、いくつものヒット作に恵まれ、

身に余る賞までいただけたことは、ほとんど奇跡です。自分自身のプロフィールを見ても、どこか他人事のようで、「いや申し訳ない……。私、そんなに立派な人間ではないんです……」と言いたくなってしまうくらいです。

今の私があるのは、間違いなく、ぐーたらな私の背中を押し、成長させ、人生を大きく変えるきっかけを与えてくださった方々のおかげです。誰ひとり欠けても、今の私はありません。

中でも、作家の林真理子さんとの出逢いは大きなターニングポイントでした。林さんの小説『不機嫌な果実』の脚色をきっかけに知り合い、以来、お姉さんのような存在で頼ったり甘えたりしていたのですが、ある夜電話で言われたひと言に、私は自分の弱さを見つめ、怠け者なりに生活を改めることができたのです。

電話を受けたとき、私は例のごとく、それほど親しくもない業界関係者とダラダラとお酒を飲んでいました。いくつか言葉を交わした後、林さんはそれを見抜いているかのように「中園さん、もうこの辺でいいと思ったら終わりよ。人は常に高みを目指さなきゃダメ」とピシャリと言われたのです。その言葉は酔っていた私にも強烈に突き刺さり、仕事をして生きていく指針となりました。

自分には絶対に無理だろうと思っていた「朝ドラ」や「大河ドラマ」を書くことができたのも、この出逢いと縁があったからこそ。自分では想像もできなかったような新しい景色を見られたのは間違いなく林さんのおかげです。人生というのは、出逢いや人間関係でどんどん勢いがつき、好転していくのだと心の底から思います。

ただ、困ったことに、人間関係ほどわかりにくくて難しいものはありません。たとえば、職場の同僚や上司がとんでもなく合わない人、苦手な人だったとしても、転職でもしない限り逃げることなんてできません。逆に、最高に気が合う人と組めば仕事がうまくいくかというと、そうとも限りません。案外、合わないと思って避けてきたその人こそ、自分を成長させ、その後の人生を大きく変えるきっかけを与えてくれる人だった、ということだってあるのです。

恋愛関係となると、話はもっと複雑です。

お互いに惹《ひ》かれ合って結ばれた相手なのに、どうしてもうまくいかないとか、好きになった人が実はとても厄介な人だった、なんてことはよくある話です。それでも、つきあってみなければどうなるかわからない。途中でダメだとわかっても、簡単には引き返せない。そういうときだってありますよね。

実はこれ、ほとんど私自身の話です。

若い頃の私はとにかく何もかもがうまくいかなくて、自分や相手に腹を立てたり、世の中を恨んだりして、もがきまくっていました。

そこを抜け出せたのは、人間関係や人生に「占い」を活かし始めてからです。


私は14歳から占いを学んでいました。

師匠は母の親しい友人で、我が家にもよく遊びにいらしていた東洋占術の大家、故・今村宇太子《うめこ》先生。気学と四柱推命をベースにご自身で開発した数気学がご専門で、政財界にもたくさんの顧客を持っていた方です。

今村先生はよく「人を知るために、占いを使いなさい」とおっしゃっていました。

しかし、当時の私はその真意を理解しておらず、「占い方」を知り、自分の運勢や相性を調べることはしても、出逢いの意味を深く知ろうとしなかったのです。

しかし、人間関係がうまくいかずにひどく苦しんでいたとき、私はふと先生の教えを思い出し、相手はどんなタイプの人なのか、自分とはどんな相性なのか……その人のことを占い、今この人と出会ったということは私の人生にどんなメッセージがあるのだろうと考えました。

　すると、その人から逃げることばかり考え、ひどく八方塞がりだと思っていた状況が違って見え始めました。相手は、いわゆる「良い相性」ではありませんでしたが、苦労を乗り越えれば「私を成長させてくれる存在」と理解できたのです。占いというフィルターを通すことで相手を冷静に見られるようになり、怖さは消えていました。そして、もう一度ぶつかってみようと思えたのです。


　占いで「人を知る」ことで、私は相手を受け入れ、前を向くことができた。先生が私に伝えたかったのは、「人との出逢いは必然であり、すべての出逢いに意味がある」。そういうことだったのではないかと思います。


　占いなんて信じない、という方もいるでしょう。それでもいいと思います。

　占いというのは一種の統計学ですから、必ず例外というものがあります。だから、私の師匠のような強い霊感を持つ人でない限り、外れてしまうこともよくあるのです。

　20代の一時期、師匠のもとで占い師として活動し、「後継ぎに」とまで言っていただいたこともあります。それでも占い師の道を選ばなかったのは、霊感のない自分にはとても務まらないと感じたからでした。

ただし、これだけは断言します。

占いを使うか・使わないかということに関していえば、使ったほうが絶対にお得！

なぜなら、私自身の人生が、「使わないと、損をする」「使ったら、こんなにお得」という見本市のようなものだからです。

高校では勉強に挫折し、大学時代はお酒と恋にはまって就活も全敗。親戚のコネで就職したものの、びっくりするほど使い物にならず自主退社。脚本家を目指したのだって、ひと目惚れしてこっぴどくフラれた相手が脚本家で、「同じ職業につけば、またあの人に会える」と思ってしまったのが、そもそものきっかけだったのです。


「福寿縁うらない」は、故・今村宇太子先生が独自に開発した数気学と四柱推命をベースに、私が今まで占ってきた大勢の方のデータを加えてまとめたものです。その使い方をよりわかりやすくご紹介するため、本書では、私がたくさんの出逢いと別れを経て、今の自分にたどり着くまでの軌跡と、その過程で占いをどう使ってきたかを、できるだけ包み隠さずお話ししていこうと思います。

一度は占い師の仕事から離れた身ですが、占いを使えば人間関係がうまくいく、悪い状況もプラスに変えられる、そして、もっとラクに生きられるという見本としてなら、お役に立てる気がしています。

曲がり角を曲がった先には、何があるかわからないの。
でも、きっと一番良いものに違いないと思うの――。

これは、ルーシー・モード・モンゴメリの『赤毛のアン』の一節です。私が手掛けたNHK連続テレビ小説『花子とアン』は、いつも頑張っている多くの方々に、毎朝このメッセージをお伝えしたいと思いながら書き上げました。今また、この一節を思い浮かべながら原稿を書いています。

本書を手にしてくださった方が、少しでも明るい気持ちで次の曲がり角を曲がっていけますように。

二〇二一年

中園ミホ

相性を知って人間関係に強くなる

◆運気は人から人へ流れていく
運命は決まってなんかいない！ 16
大切なのは運気のつかまえ方 18
運気は互いに影響し合う 22
まず、自分の運勢を知りましょう 25
◆すべての出逢いには意味がある
空亡の相性がもたらした大ヒット！ 30
極楽の出逢いが導いた脚本家の道 33
私の人生を変えた縁起の男 35
私を押し上げてくれた老熟の先輩 37

回帰が引き寄せた30年越しの縁 39

◆福寿縁うらないで相性を知る

福寿縁うらないの特徴 42

―STEP 1― 自分の福寿縁タイプを調べる 45

◆福寿縁タイプ表 45

◆生年月日表 46

―STEP 2― 自分の運勢を知る 49

◆福寿縁タイプ別 運勢表 50

◆運気の意味と過ごし方 50

―STEP 3― 気になる人との相性をみる 52

◆相性表 52

◆12の相性の意味 54

◆干支 早見表 56

私の人生を変えた七人　58

◆相性を活かしてしなやかに生きる

〝福寿縁うらない〟8つのルール

―ルール1―苦手な相手はまず占ってみる　64
―ルール2―妬みと恨みに気をつける　66
―ルール3―出逢いの秘訣は占いに溺れないこと　68
―ルール4―人間関係は「脱皮していくもの」ととらえる　70
―ルール5―金運はお金持ちからもらう　72
―ルール6―運は惜しまず気持ちよくあげる　74
―ルール7―相性を使いこなして人生の味方につける　76
―ルール8―マイナス×マイナスの相性はプラスに変える　84

中園ミホの福寿縁うらない

福寿縁うらない 相性の読み解き方 89
―富士タイプ―
◆人づきあいの傾向 93
◆富士タイプにとっての相性 94
―鶴タイプ―
◆人づきあいの傾向 101
◆鶴タイプにとっての相性 102
―達磨タイプ―
◆人づきあいの傾向 109
◆達磨タイプにとっての相性 110
―亀タイプ―
◆人づきあいの傾向 117
◆亀タイプにとっての相性 118
―龍タイプ―
◆人づきあいの傾向 125
◆龍タイプにとっての相性 126

―狛犬タイプ―
◆人づきあいの傾向 133
◆狛犬タイプにとっての相性 134
―宝船タイプ―
◆人づきあいの傾向 141
◆宝船タイプにとっての相性 142
―熊手タイプ―
◆人づきあいの傾向 149
◆熊手タイプにとっての相性 150
―鯛タイプ―
◆人づきあいの傾向 157
◆鯛タイプにとっての相性 158
―金平糖タイプ―
◆人づきあいの傾向 165
◆金平糖タイプにとっての相性 166
―招き猫タイプ―
◆人づきあいの傾向 173
◆招き猫タイプにとっての相性 174
―神輿タイプ―
◆人づきあいの傾向 181
◆神輿タイプにとっての相性 182
あとがき 188

相性を知って
人間関係に
強くなる

運気は
人から人へ
流れていく

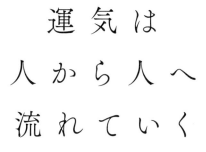

運命は決まってなんかいない！

「運命は変えられますか？」と聞かれたら、私は「もちろん！」と答えます。

運命は、定められた宿命のようなものと思われている方もいるかもしれませんが、私は、自分の力と行動、そして、人との出逢いによってどんどん切り拓いていくものだと思っています。

同じ時間、同じ場所で生まれた双子が決して同じ人生を歩まないように、たとえ同じ運勢を持って生まれてきたとしても、その人の願いや人との出逢いや別れ、運をつかむタイミングで、その人にしかたどり着けない人生があるのです。

未来を予言するためではないとしたら、占いは一体、何のためにあるのでしょう。

私は、運気の波を読み、夢をつかむためにあると思っています。天気予報を見て、「明日は晴れ。明後日は午後から雨」とわかったら、「洗濯は明日にして、明後日は傘を持って出かけなくちゃ」と予定を立てられます。占いも同じです。占いが示す運気図を活用することで、夢のプランをうまく立てられるのです。

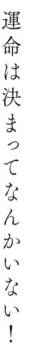

最近よく「なぜ、占いの取材を受けるようになったのですか？」と聞かれますが、それは、本当はしあわせになるためのツールなのに、占いに振り回されたり、落ち込んだりしている人が多く、占いの使い方をきちんと伝えていきたいと思ったからです。

14歳から占いを勉強し、脚本家になったのも、シングルマザーとして息子を産んで育てる決断をしたのも、つらいことを乗り越えるときも自分を鼓舞《こぶ》するときも、私は占いをフルで人生に役立ててきました。

一度きりの人生を、自分らしくしあわせに過ごすために占いを使ってほしい。

身をもって伝えることができるのは私の強みであり、使命のように感じています。

10年後、20年後、あなたはどんな人になっていたいですか？

ただ「しあわせになりたい」と漠然と思うのではなく、どんな夢を叶えたいか、本当に欲しいものは何なのか、あなたの夢をできるだけ具体的に描いてください。しあわせな未来は、それを強く念じることから始まります。

そして、占いは、それを叶えるための頼れる相棒となります。しばらく試練が続きます、まもなくチャンスがやってきますなど、占いで運気の波を知ることで、今やるべきことが定まり、努力を重ねることで、少しずつ夢に近づいていけるのです。

大切なのは運気のつかまえ方

世の中には、幸運の女神に愛されているような、何もかもが順調で、うまくいっている人がいます。

しかし、こんなことを明かすと驚かれるかもしれませんが、もともと持っている運の量はみなほぼ同じ。違うのは、運気にうまく乗れるかどうか、運をピークでつかまえられるかということなのです。

運気というのは、運の流れ、バイオリズムです。人によって振り幅に差はありますが、どなたの運気も一定の周期で上がったり下がったりを繰り返しています。

簡単に言うと、上がっているときは追い風が吹き、下がっているときは向かい風。そして、ピークに達した瞬間は勝負時ということです。ぐずぐずしていたら、あっという間に去ってしまいます。運は「生もの」。待っていてはくれません。

ですから、**幸運に見える人というのは、潮の流れや風向きを読み、ここぞというときにいい波に乗れる上級サーファー。運気に敏感で、波がピークに達した瞬間をうま**

くとらえて勝負をし、結果を出している人ということです。

私のまわりでは、作家の林真理子さん。林さんは人気運が絶好調のときにベストセラー小説を書き、仕事の達成を意味する運気の年に大きな賞を取り、結婚運が最高潮の年に結婚……と、これほどまでに運気の波をタイミングよくつかみとる天才サーファーはいないのではないかと思います。そして、向かい風のときにはコツコツと努力を重ねて土台を固め、次の波に向けてしっかり準備をされている。表には決して見えませんが、この地道な積み重ねがあるからこそ、林さんはうまく波を乗りこなし、いざというときに力が発揮できるのだと思います。

そして、林さんほどのセンスがなくても、占いを使いこなせば、誰だって運気の波をうまくとらえることができるのです。

実は私が脚本家に転身できたのも、占いで運気の波をつかんだからです。

28歳のとき、私の運気は、これまでの努力が実を結び、とても充実すると言われる最高潮の年でした。今村先生からは跡《あと》を継いでほしいと言われて占い師をしていましたが、霊感のない自分には向いていないかもしれないと感じていました。

自ら望んで始めた占いの修行に身が入らなくなり、急に虚しくなってしまったのです。翌年から運気は、神様から宿題が与えられる「空亡」の時期に入っていくというのに、自分がどこに向かっているかもわからず、一体どうしたらいいのだろうと初めて怖くなりました。

そして、これまでを振り返り、自分自身を見つめ直すなかで、幼い頃から私が褒められた数少ない体験は、すべてものを書くことに関連していたこと、いつも胸の片隅に「いつかものを書く仕事に就けたら」という気持ちがあったことに気づいたのです。

知り合いの脚本家、桃井章《あきら》さんから「脚本の下書きをしてみないか」と声をかけてもらったのは、ちょうどそんなときでした。私は「これは神様からの宿題だ。運気に試されている」と思いました。

今村先生に気持ちを伝えると「自分で自分を占えばわかるでしょう。あなたはそちらの道に進みなさい」と背中を押してくれました。そして、運気の波に全力で飛び乗る勇気をくれたのです。

チャンスを逃すまいと、私は人生で初めて努力をしました。

学生時代から「まだ自分は本気出していないだけ」と、傷つくことを恐れてずっと逃げてきた私が、何度も書き直し、突き返されても必死に食らいつきました。それが脚本家としてのデビュー作につながったのです。

占いで運気を知らなければ、きっとだらだらとやり過ごしていたと思います。

こうして幼い頃に憧れた仕事ができているのは、占いのおかげです。

運気は互いに影響し合う

もうひとつ大切なこととして、**運気というのは人からの影響を大きく受けます。**自分のものだけでなく、まわりの人から運をもらったり、あげたりしながら、良くも悪くも影響し合っているのです。

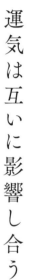

私の仕事はチームで行います。ドラマの設計図となる台本を私が担当し、プロデューサーや演出陣、制作スタッフ、俳優など、多くの人がかかわり合い、ひとつのドラマを創ります。すると、毎回それぞれの運気が影響し合って、面白い化学反応が起こります。

好調な運気の人だけで創ったドラマもありますが、現場はとても和やかなものの、結果はいまいち。大ヒットしたのは、荒れた運気チームで創ったときです。次から次とトラブルに見舞われ、ハラハラドキドキの連続でしたが、一丸となって立ち向かったことで実力以上の結果が出せたのかもしれません。そんなチームで創った『やまとなでしこ』は、最高視聴率34・2パーセントを記録し、空前の大ヒットとなりました。

朝ドラ『花子とアン』のときも運気の影響をもらいました。主人公、花子の夫役を鈴木亮平さんが演じましたが、オーディションのときから私は彼に決まることを願っていました。業界内での評判や実力、お人柄はもちろんなのですが、彼を占ってみると、長い間の努力が実り、まさにブレイク寸前の運気だったからです。その運気に勢いづけられたのでしょう。ドラマは回を重ねるごとに人気が高まっていきました。鈴木さんはその後、大河ドラマ『西郷《せご》どん』の主演も務め、見事な存在感で魅了してくれました。

大切なのは、自分の運に限定して考えないことです。自分の運気を上げたいと思うなら、人から運をもらえば良いのです。

私は今楽しそうにしている人や、仕事やプライベートが順調そうな人のそばに積極的に行くようにしています。そうやっていい運気のシャワーを浴びると、楽しい気持ちになり、うまくいっている人の行動や考え方に気づくこともあります。

人気のコンサートや演奏会、講演会などに行くのも良いでしょう。直接会わなくても、ヒットしている作品を見たり、好きな人の本を読んだり、流行りの曲を聞いてみたりするのも、おすすめです。

また、今ちょっと運気が落ちているな、うまくいかないなと感じるときも、外に出るようにしています。本当は部屋にこもっていたいけれど、淀んだ運気を入れ換えるためには、人に会うのが一番。近所の公園で散歩する人を眺めたり、コンビニで店員さんと挨拶を交わすだけでも、運気の流れは変わっていくものです。落ち込んだときこそ外に出て、通りすがりの人でもいいから、明るい運気をもらいましょう。

まず、自分の運勢を知りましょう

さて、ここまで読み進めると、自分を占ってみたくなりますよね。

私の「福寿縁うらない」は、四柱推命をベースに相性や人間関係にフォーカスした占いですが、まずは自分を知ることが大切ですから、運勢を調べ、自分の運気の波がどんな状態にあるかを把握しましょう。生年月日から調べることができます。

四柱推命について簡単に説明すると、古代中国で膨大な数の戸籍や暦を分析して導き出された統計学のようなものだと私は習いました。昔は、戦いの道具として使われたそうですが、私は「しあわせになるため」の道具として使っています。

運勢は、12年をひとつの周期としてみます。

一年ごとに、「胎生《たいせい》」「童幼《どうよう》」「縁起《えんぎ》」「衰勢《すいせい》」「極楽《ごくらく》」「餓鬼《がき》」「回帰《かいき》」「天恵《てんけい》」「老熟《ろうじゅく》」「逢魔《おうま》」「空亡《くうぼう》」「未明《みめい》」という運気が巡り、それぞれの年に意味があります（P49～51

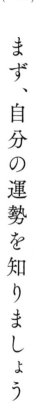

参照)。そして、そのサイクルを繰り返します。

春には種をまき、夏は大きく葉を伸ばし、大きな花を咲かせて、収穫したら、また次の春に向けて土づくりを始めるという季節に合った過ごし方があるように、それぞれの運気に合った過ごし方があります。細かく調べれば、月や日の運気もわかりますが、年の意味と過ごし方を知っておくだけで十分です。

中でも、ぜひ覚えておきたいのが、「福寿縁」と「空亡期」です。

「福寿縁」というのは、「縁起」「極楽」「天恵」の年であり、さまざまな幸運に恵まれます。それぞれに意味合いは異なりますが、運気の波が高まるときですから、どんどんアクティブに動きましょう。

一方の**「空亡期」は、「逢魔」「空亡」の2年間で、厳しい冬の時期にあたります。神様から人生の「宿題」が与えられ、それに向き合うことになり、これまでの自分に足りない部分を補強するために力を尽くす、試練のときです。**

ままならないことが起きたり、理不尽なことに巻き込まれたり、苦手なことや嫌なことに取り組むことになりますが、そこから逃げずに、踏ん張って乗り越えることで大きく成長でき、一段高いステージに引き上げられ、次の周期をスタートできるのです。新しい人生のステージでは出逢いにも恵まれ、世界も大きく広がるでしょう。

占い師をしていた頃、多くの人がこの時期を乗り越えてしあわせになっているのを見てきました。自分はこんなに強くなったとか、こういう力を身につけたとか、空亡期を抜けたときに必ずわかると思いますし、この時期を支えてくれた人とは、生涯の親友やパートナーになれたりするなど、得るものはとても大きいと思います。

空亡期のさなかは、しんどくても踏ん張りましょう。

神様は乗り越えられない試練は決して与えません。必ず乗り越えられます。そして、2年以上は続きません。占いで空亡期の入口、出口をしっかりチェックして、粛々と宿題に取り組んでほしいと思います。


こうして努力を重ね、人生のステージを上げていく人だけが、叶えたい夢に近づき、しあわせをつかむことができます。49ページの右肩上がりのグラフが示すように、いくつになっても、人は成長でき、人生を拓くことができるのです。

占いは、夢に向かって頑張るあなたの相棒となって、道を照らしてくれます。当たる当たらないで過去の答え合わせをするのではなく、あなたの未来をしあわせにするために使ってください。

すべての
出逢いには
意味がある

空亡の相性がもたらした大ヒット！

気になる人や好きな人ができたら、相性を占ってみたくなりますよね。相性が「良い」と出れば嬉しいし、「悪い」と出てしまうと、なんだかガッカリ。やっぱり諦めたほうが良いのかな、なんて……。しかし、相性というのは、そんなに単純なものではありません。その人との出逢いが、あなたの人生にどんな意味を持っているかを教えてくれるものなのです。

占いでよく聞く「相性が良い・悪い」というのは、あなたと似たような性質を持っている人、感性が似ている人を「良い」、打ち解けるのに時間がかかったり、理解し難いと感じたりする人を「悪い」と言っている場合が多いようです。

しかし、似たもの同士だからといって最高のパートナーになれるかというと、互いを理解する努力をしなくなったり、馴《な》れ合いになってしまったりすることもあるでしょう。その一方で、最初はイライラしたけれど、ぶつかり合うことで殻を破れた。成長できたと、長い目で見れば、その出逢いが人生の転機になることだってあるのです。

相性というのは、もっと深く、豊かなものです。**人生に意味のない出逢いなどありません。人生で巡り会う人たちは、その時々にメッセージ、役割を持って、あなたの前に現れるのです。**そう考えると、人とのかかわり方も人間関係の悩みも、今までとは違った見方ができるのではないでしょうか。

「福寿縁うらない」では、人生における出逢いの意味を、運気の言葉と同じ「胎生」「童幼」「縁起」「衰勢」「極楽」「餓鬼」「回帰」「天恵」「老熟」「逢魔」「空亡」「未明」の12種類であらわします。それぞれの意味については、54～55ページで詳しく説明しますが、ここからは、私のエピソードを交えながら紹介していきましょう。

前章の運気のところで、「空亡期」の過ごし方が人生を拓くと書きましたが、**「空亡」の相性も、成長する上でとても大切な出逢いです。**あなたに欠けている性質を持っている人なので、ぶつかることも少なくありませんが、試練を乗り越えると、その分、大きくスパークする可能性があります。私にとっては、『ドクターX』のエグゼクティブプロデューサー、テレビ朝日の内山聖子《さとこ》さんがこの相性にあたります。

プロデューサーというのは番組のすべてを切り盛りする人ですから、よく働くし優秀な方が多いのですが、中でも内山さんは「日本一働いているプロデューサー」なのではないかと思います。ドラマ創りに情熱を惜しみなく注ぎ、リスクを恐れず、挑戦的です。長いつきあいになりますが、内山さんと仕事をするときはいつもピリッとした緊張感があり、クリエイティブなエネルギーが高まるような気がします。そして、私が一番苦手とするコツコツ書くという試練を与えてくれる人です。

ゼロからヒロインのキャラクターや物語を生み出す作業は、すべて私に任せてくれますが、いつも真剣勝負を求められるので、スランプのときなどは逃げ出したくなります。それを乗り越え、力を合わせることで、ヒット作『ドクターX』を世に送り出すことができたと思っています。

また、思いがけない反応もありました。普段はドラマを見ない男性たちが楽しみに見てくれたことです。それまで私は『やまとなでしこ』や『ハケンの品格』など、女性たちの本音を描いて働く女性を応援してきましたが、権力にすり寄らず、組織のしがらみを「いたしません」とつっぱねるフリーランス外科医・大門未知子の存在は、働く男性たちへのエールにもなったようです。

『ドクターX』は、スタートしてから今年で10年目となりますが、私の作品の中で最も長く、多くの方に愛されるドラマに育ったのは、「空亡」の相性から逃げずに、真摯に向き合ったご褒美だと感じています。

極楽の出逢いが導いた脚本家の道

私に占い師から脚本家に転身するきっかけを与えてくれた桃井章さんは、「極楽」の相性です。人気や脚光をもたらしてくれる存在と言われ、いつでも力になってくれる強い味方です。**一緒にいると、不思議なエネルギーが湧いてきて、「自分はすごい！」と思えるようになる。それが「極楽」の人です。**

桃井さんと出会ったのは、行きつけのバーでした。脚本家が集うお店で、桃井さんもそのひとり。当時、『太陽にほえろ！』『俺たちの旅』などの人気ドラマの脚本を手がけておられました。そこで飲んでいれば誰かがご馳走してくれましたし、何よりその店の雰囲気が好きでした。私の父は絵描きを目指していましたが、カメラマンなどの職を転々として、私が10歳のときに亡くなりました。生前は父の友人の絵描きや音楽家たちがうちに集まり、夜な夜なお酒を飲んで芸術談義を繰り広げていました。19歳のときに母も亡くしたので、父の友人のような大人たちの世界に憧れ、お酒を飲むことで寂しさを紛らわせていたのです。私はそのバーに入り浸っていました。

当時は今村先生のもとで占い師をしていましたが、この仕事は私には向かないいんじゃないかとも感じていましたし、空っぽの自分に向き合いたくなくて逃げていたところもあると思います。

そんなある日、桃井さんからこう言われたのです。「中園、ご馳走してもらえるのは29歳まで。30歳になったら誰もご馳走してくれないよ」。28歳の私の胸に、その言葉は鋭いナイフのように突き刺さりましたが、へらへら笑ってごまかし、相変わらず飲み歩いていました。それからほどなく、締切りを何本も抱えた桃井さんから「代わりに下書きしておいてくれ。これだけ脚本家と飲んでいるのだから書けるだろう」と刑事ドラマの企画書を渡されたのです。自分を変えるのは今しかない。私はこのチャンスに飛び乗りました。必死になって書き上げた台本は、構成は滅茶苦茶で、犯人が捕まらない刑事ドラマ。今思うと赤面ですが、桃井さんは「セリフは面白い！」とプロデューサーに渡してくれました。修正を何度も重ね、これが私の脚本家デビュー作『ニュータウン仮分署』（桃井章さんと共作）につながったのです。

「極楽」の人とは、縁が続くと言われますが、桃井さんとはかれこれ30年来のつきあい。私を引き上げ、困ったときには今でも相談相手となってくれる頼れる味方です。実は『ドクターX』で岸部一徳さんが演じる神原晶は、桃井さんがモデルなんです。

私の人生を変えた縁起の男

息子を身籠《みごも》ったことがわかったのは33歳のとき。結婚を望める相手ではありませんでしたし、ひとりで子どもを育てていく自信もありませんでした。せっぱつまった締切りの仕事があることを言い訳に、最初は産まないことを考えました。すると、何をする気力もなくなり、食事も喉《のど》を通らなくなってしまいました。それで、3日目に「産んで育てること」を考えてみたら、途端に力が湧き、ご飯が美味しくなったのです。産もう。私はシングルマザーとして生きることを決めました。

そして、38時間の陣痛に耐え、ようやく会えた小さな息子を見た瞬間、「この子を飢えさせるわけにはいかない。もう仕事から逃げない」と心に誓いました。それまでの私はせっかく連続ドラマの仕事をいただいても、長いものは無理と断ったりしていました。もっと楽な仕事があるはずといつも逃げ道を探していたのです。

しかし、ひとりで育児をしながら自宅でできる仕事は、脚本を書く以外に思いつきません。もうこの仕事しかないと腹をくくり、依頼はすべて受けることにしました。

産後、復帰して1作目に書いたのは、中山美穂さんがシングルマザーのヒロインを演じた連続ドラマ『Ｆｏｒ Ｙｏｕ』でした。取材をしなくてもシングルマザーの気持ちなら誰よりもわかる。私は自分の体験をもとに膨らませて必死で書きました。脚本家の仲間にも助けてもらい、全11話を乗り切った初めての作品です。高視聴率にも励まされ、「こんな私でもできるんだ」と自信が芽生えました。

「何かを大きく決定づける」という強いメッセージを持つ「縁起」の相手は、出逢いから人生ががらっと変わったり、道を切り拓くきっかけをつくってくれます。私にとってこの相性を持つ息子は、まさに私の人生を変えてくれた、かけがえのない存在。息子のおかげで私は自分のことも好きになれました。

自分が変われば、取り巻く世界も大きく変わり始めます。「仕事のために子どもを産むのは諦めた」というキャリアウーマンの先輩が心から応援してくれたり、近所に引っ越してきて子育てを手伝ってくれた高校の親友。「こんなときこそ助け合わなきゃ」と、息子の面倒を見てくれたママ友たち。それまでどちらかというと世間を斜めに見ていた私でしたが、人のやさしさに触れ、素直に感謝できるようになりました。

どんな彼氏でも変えられなかった私を、変えてくれた唯一の男、それが「縁起」の息子です。彼を産んだことは人生最良の決断だったと思います。

私を押し上げてくれた老熟の先輩

「老熟」という相性は、自分がすべての力を使って引き寄せたような強い縁。その人にとって最も大切なことを成就するために出会い、一生をかけてそのありがたみを知ることになると言われる存在です。私にとっては脚本家の先輩、大石静《しずか》さんがこの相性にあたります。

大石さんは言わずと知れたヒットメーカー。向田邦子賞の受賞作『ふたりっ子』や大河ドラマ『功名が辻』をはじめ、『セカンドバージン』『家売るオンナ』、最近では『あのときキスしておけば』など、多彩な作品を次々と書かれ、浮き沈みの激しいテレビという世界でずっと第一線を走っておられます。

私は『やまとなでしこ』や『ハケンの品格』の後、しばらくヒット作に恵まれませんでした。視聴率はギャンブルみたいなもの、書き続ければまたいつか運は巡ってくるはず。そう自分に言い聞かせていましたが、視聴率をとれない脚本家は淘汰されていくシビアな世界でもあるので、次第に焦りを感じ始めていました。

大石さんと親しくなったのはその頃です。それまでパーティなどでお見かけすることはありましたが、大石さんのまわりはいつも華やかで、とても遠い存在。ところが、私が元占い師だと言うと、占い好きの大石さんは興味を持ち、食事に誘ってくださったのです。大石さんは気さくで明るく、本音で生きている女性です。ほとんど初対面にもかかわらず、私はそんな大石さんに仕事の行き詰まりや将来への不安など、抱え込んでいた気持ちを吐露していました。

一緒にいると、ものすごく安心感を感じ、ありのままの自分を見せることができる存在。大石さんとの出逢いは、「老熟」のメッセージそのものでした。

そして、大石さんは、民放テレビ局での仕事が中心だった私をＮＨＫに紹介してくれました。キャリアこそ違えど商売敵でもある私をプロデューサーや演出陣につないでくれたのです。その後、私はＮＨＫでいくつかの連続ドラマを書き、２０１２年に連続ドラマ小説『花子とアン』、２０１６年には大河ドラマ『西郷どん』の執筆依頼をいただきましたが、もとはといえばすべて大石さんがつないでくれたご縁です。

朝ドラ、大河を書くことは脚本家にとって光栄である一方、ベテランでも完走するのがつらい過酷な仕事です。怖気づいていた私を勇気づけ、執筆のアドバイスをくれたのも大石さん。私にとっては人生の大恩人。言葉では言い尽くせません。

回帰が引き寄せた30年越しの縁

相性というのは、自分から見た相手と、相手から見た自分の、双方向で見て読み解くと、より深く味わうことができます。

『ストロベリーナイト』や『救命病棟24時』などで知られる脚本家の林誠人《まこと》さんは、OL時代からの知り合い。「さん」づけで呼ぶのも気恥ずかしくなるほど、昔からお互いをよく知る間柄です。相性は、私から見た林さんは「極楽」です。

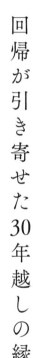

しかし、第一印象は最悪でした。大学卒業後、私は親戚のツテで小さな広告代理店に入ったのですが、仕事が全くできず失敗ばかり。居場所がなく、激務の同僚を横目に見ながら定時で退社する日々を送っていました。そんなとき、同僚の男性に「自分の代わりに出席してノートを取ってきてくれないか」と頼まれました。申し込んだものの、忙しくて通えなくなったシナリオ講座に、ヒマな私が通うことになったというわけです。林さんは、その学校の事務局で働く、脚本家の卵でした。

夜7時から週2回の講座で、講師は新藤兼人《かねと》さんや山田太一さんなどの有名な映画監督や脚本家。講座後に行われる飲み会が楽しくて、私は毎回真面目に出席しました。脚本家になるなんて思いもしなかった頃です。同僚の男性の代わりに潜り込んでいたのですから、すぐにバレましたが、先生に謝って代理出席を認めてもらいました。

私は林さんのことを「いかにも頭が良さそうで、エラソーな奴だと思ってた」、林さんのほうは「派手でチャラチャラした女で近寄りたくなかった」と仲良くなってからお互いの印象を言い合って笑いましたが、当時は話をしたこともありませんでした。

その後、私たちはテレビの世界で再会し、連続ドラマを何本も共作しました。この10年は『ドクターX』を一緒に書いていて、林さんは『ドクターY』というスピンオフドラマまで創ってヒットさせてしまいました。

調べてみると、林さんから見た私は「回帰」。出会った後、一度離れてからのほうが強い縁がある。むしろ一度別れたほうがうまくいく相性です。出会った頃には想像もしなかったけれど、年を重ね、どんどん縁が深まっていくのも面白いです。仕事だけでなく、お互いの恋愛を報告し合った私たちも、もう還暦を過ぎました。スランプのときや体調を崩したときは何も言わなくても助けてくれる、最高の相棒です。

他にもたくさんの出逢いがありましたし、これからどんな出逢いが待っているのだろうと思うとワクワクします。すべての出逢いに意味があるのですから。

福寿縁うらないで
相性を知る

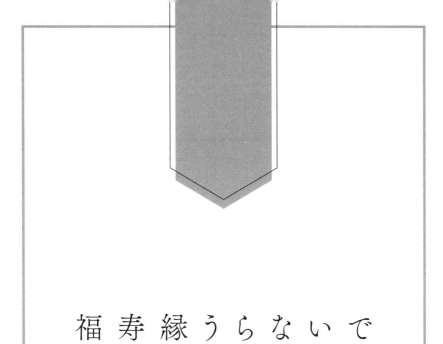

福寿縁うらないの特徴

「福寿縁うらない」は、故・今村宇太子先生が独自に開発した数気学と四柱推命をベースに、私が14歳のときから今まで占ってきた大勢の人たちのデータを加えて、「すぐに使える占い」を目指してまとめたものです。

他の占いとの大きな違いは、相性や人間関係にフォーカスしていること。そのため、いつ、誰と結婚するか、どんな仕事で成功するかなど、将来を当てるのには向いていないかもしれません。

私が思う占いとは、当たる当たらないではなく、もっと積極的に活用するもの。未来をよりいいものにする手がかりをつかんでいただく上で、とても役立つものです。

まず、一番はじめにやっていただきたいのは、なりたい自分をありありと思い浮かべること。そして、今あなたのまわりにいる人たちを「福寿縁うらない」で調べてみてください。あなたにとって、どんな役割を果たしてくれる人なのか――。

占い方はとてもシンプル。「自分の生年月日」と「相手の生まれ年」だけわかれば、

●自分の福寿縁タイプ（STEP1・P45～48参照）
●自分の運勢（STEP2・P49～51参照）
●気になる人との相性（STEP3・P52～57参照）

を知ることができます。

なりたい自分になるために、まず大切なのは自分の運勢を知ることです。

運というものには「流れ」があるため、それを知ることで運気のサーファーのごとくうまく波に乗れ、チャンスや夢をつかみやすくなります。

運気は、季節が移り変わるように、12年の周期で巡っています。それぞれの年に、種まきや努力が実る収穫、新しい季節に備える冬の試練などの意味があります。自分は今どんな運気にいるか、12周期の意味（P50～51参照）で確認しておきましょう。

それから、運気は人の影響を強く受けるものなので、相性を調べます。占いではとかく良い悪いで語られがちですが、**相性とは、その人との出逢いの意味を教えてくれるものです。**

運気と同じ言葉ですが、あなたが人生で巡り会った人は、「胎生《たいせい》」「童幼《どうよう》」「縁起《えんぎ》」「衰勢《すいせい》」「極楽《ごくらく》」「餓鬼《がき》」「回帰《かいき》」「天恵《てんけい》」「老熟《ろうじゅく》」「逢魔《おうま》」「空亡《くうぼう》」「未明《みめい》」のいずれかのメッセージを持っています（P54～55参照）。それを知ることで人生の味わいはより深まり、豊かになっていくでしょう。

さらには、上司や同僚、知人・友人、恋人、家族など、まわりの人の福寿縁タイプを知る機会があれば、相手の人づきあいの傾向や、相手から見た自分の相性もみてみましょう。**双方向でお互いの相性の意味を知ることで、あなたが今かかえている人間関係の真の姿がわかり、より良い人生を送るヒントが見えてくるはずです。**

人生には、意味のない出逢いも別れも、ひとつもありません。

さあ、「出逢い」と「縁」を味方につけて、なりたい自分になってください。

運命は変えられるのです。

STEP 1

自分の福寿縁タイプを調べる

1

P46〜48の「生年月日表」を元に、生まれ年と生まれ月が交わる数字を見ます。

2

その数字に生まれた日を足し、「運命数」を出します。

＊足した数字が60以上になる場合は、その数から60を引いてください。

3

下記の「福寿縁タイプ表」を元に、2で算出された運命数と生まれ年の末尾から自分の福寿縁タイプを確かめてください。

＊生まれた年の末尾が偶数か奇数かで違いますので、注意してください。

例：1970年12月31日生まれの場合

1 生年月日表によると、1970と12の交わる数字は「51」

2 51＋31＝82
ここで足した数が60以上になるので、
82−60＝22で運命数は「22」

3 偶数年生まれなので、福寿縁タイプ表を見ると、
福寿縁タイプは「龍」

＊生年月日表は1930年から2022年生まれまでの方を対象にしています。

◆福寿縁タイプ表

運命数	1〜10		11〜20		21〜30		31〜40		41〜50		51〜60	
生年の末尾	偶数	奇数	偶数	奇数	偶数	奇数	偶数	奇数	偶然	奇数	偶然	奇数
福寿縁タイプ	富士《ふじ》	鶴《つる》	達磨《だるま》	亀《かめ》	龍《りゅう》	狛犬《こまいぬ》	宝船《たからぶね》	熊手《くまで》	鯛《たい》	金平糖《こんぺいとう》	招《まね》き猫《ねこ》	神輿《みこし》

◆ 生年月日表（1930～1960）

	1月	2月	3月	4月	5月	6月	7月	8月	9月	10月	11月	12月
1930	47	18	46	17	47	18	48	19	50	20	51	21
1931	52	23	51	22	52	23	53	24	55	25	56	26
1932	57	28	57	28	58	29	59	30	1	31	2	32
1933	3	34	2	33	3	34	4	35	6	36	7	37
1934	8	39	7	38	8	39	9	40	11	41	12	42
1935	13	44	12	43	13	44	14	45	16	46	17	47
1936	18	49	18	49	19	50	20	51	22	52	23	53
1937	24	55	23	54	24	55	25	56	27	57	28	58
1938	29	0	28	59	29	0	30	1	32	2	33	3
1939	34	5	33	4	34	5	35	6	37	7	38	8
1940	39	10	39	10	40	11	41	12	43	13	44	14
1941	45	16	44	15	45	16	46	17	48	18	49	19
1942	50	21	49	20	50	21	51	22	53	23	54	24
1943	55	26	54	25	55	26	56	27	58	28	59	29
1944	0	31	0	31	1	32	2	33	4	34	5	35
1945	6	37	5	36	6	37	7	38	9	39	10	40
1946	11	42	10	41	11	42	12	43	14	44	15	45
1947	16	47	15	46	16	47	17	48	19	49	20	50
1948	21	52	21	52	22	53	23	54	25	55	26	56
1949	27	58	26	57	27	58	28	59	30	0	31	1
1950	32	3	31	2	32	3	33	4	35	5	36	6
1951	37	8	36	7	37	8	38	9	40	10	41	11
1952	42	13	42	13	43	14	44	15	46	16	47	17
1953	48	19	47	18	48	19	49	20	51	21	52	22
1954	53	24	52	23	53	24	54	25	56	26	57	27
1955	58	29	57	28	58	29	59	30	1	31	2	32
1956	3	34	3	34	4	35	5	36	7	37	8	38
1957	9	40	8	39	9	40	10	41	12	42	13	43
1958	14	45	13	44	14	45	15	46	17	47	18	48
1959	19	50	18	49	19	50	20	51	22	52	23	53
1960	24	55	24	55	25	56	26	57	28	58	29	59

◆ 生年月日表（1961～1991）

	1月	2月	3月	4月	5月	6月	7月	8月	9月	10月	11月	12月
1961	30	1	29	0	30	1	31	2	33	3	34	4
1962	35	6	34	5	35	6	36	7	38	8	39	9
1963	40	11	39	10	40	11	41	12	43	13	44	14
1964	45	16	45	16	46	17	47	18	49	19	50	20
1965	51	22	50	21	51	22	52	23	54	24	55	25
1966	56	27	55	26	56	27	57	28	59	29	0	30
1967	1	32	0	31	1	32	2	33	4	34	5	35
1968	6	37	6	37	7	38	8	39	10	40	11	41
1969	12	43	11	42	12	43	13	44	15	45	16	46
1970	17	48	16	47	17	48	18	49	20	50	21	51
1971	22	53	21	52	22	53	23	54	25	55	26	56
1972	27	58	27	58	28	59	29	0	31	1	32	2
1973	33	4	32	3	33	4	34	5	36	6	37	7
1974	38	9	37	8	38	9	39	10	41	11	42	12
1975	43	14	42	13	43	14	44	15	46	16	47	17
1976	48	19	48	19	49	20	50	21	52	22	53	23
1977	54	25	53	24	54	25	55	26	57	27	58	28
1978	59	30	58	29	59	30	0	31	2	32	3	33
1979	4	35	3	34	4	35	5	36	7	37	8	38
1980	9	40	9	40	10	41	11	42	13	43	14	44
1981	15	46	14	45	15	46	16	47	18	48	19	49
1982	20	51	19	50	20	51	21	52	23	53	24	54
1983	25	56	24	55	25	56	26	57	28	58	29	59
1984	30	1	30	1	31	2	32	3	34	4	35	5
1985	36	7	35	6	36	7	37	8	39	9	40	10
1986	41	12	40	11	41	12	42	13	44	14	45	15
1987	46	17	45	16	46	17	47	18	49	19	50	20
1988	51	22	51	22	52	23	53	24	55	25	56	26
1989	57	28	56	27	57	28	58	29	0	30	1	31
1990	2	33	1	32	2	33	3	34	5	35	6	36
1991	7	38	6	37	7	38	8	39	10	40	11	41

◆ 生年月日表（1992～2022）

	1月	2月	3月	4月	5月	6月	7月	8月	9月	10月	11月	12月
1992	12	43	12	43	13	44	14	45	16	46	17	47
1993	18	49	17	48	18	49	19	50	21	51	22	52
1994	23	54	22	53	23	54	24	55	26	56	27	57
1995	28	59	27	58	28	59	29	0	31	1	32	2
1996	33	4	33	4	34	5	35	6	37	7	38	8
1997	39	10	38	9	39	10	40	11	42	12	43	13
1998	44	15	43	14	44	15	45	16	47	17	48	18
1999	49	20	48	19	49	20	50	21	52	22	53	23
2000	54	25	54	25	55	26	56	27	58	28	59	29
2001	0	31	59	30	0	31	1	32	3	33	4	34
2002	5	36	4	35	5	36	6	37	8	38	9	39
2003	10	41	9	40	10	41	11	42	13	43	14	44
2004	15	46	15	46	16	47	17	48	19	49	20	50
2005	21	52	20	51	21	52	22	53	24	54	25	55
2006	26	57	25	56	26	57	27	58	29	59	30	0
2007	31	2	30	1	31	2	32	3	34	4	35	5
2008	36	7	36	7	37	8	38	9	40	10	41	11
2009	42	13	41	12	42	13	43	14	45	15	46	16
2010	47	18	46	17	47	18	48	19	50	20	51	21
2011	52	23	51	22	52	23	53	24	55	25	56	26
2012	57	28	57	28	58	29	59	30	1	31	2	32
2013	3	34	2	33	3	34	4	35	6	36	7	37
2014	8	39	7	38	8	39	9	40	11	41	12	42
2015	13	44	12	43	13	44	14	45	16	46	17	47
2016	18	49	18	49	19	50	20	51	22	52	23	53
2017	24	55	23	54	24	55	25	56	27	57	28	58
2018	29	0	28	59	29	0	30	1	32	2	33	3
2019	34	5	33	4	34	5	35	6	37	7	38	8
2020	39	10	39	10	40	11	41	12	43	13	44	14
2021	45	16	44	15	45	16	46	17	48	18	49	19
2022	50	21	49	20	50	21	51	22	53	23	54	24

STEP

2

自分の運勢を知る

運気は、季節が移り変わるように12年の周期で巡っています。自分は今どんな運気にいるのか、次ページの「福寿縁タイプ別運勢表」で確認し、その意味と過ごし方を知ることが大切です。

◆ 運気の流れ

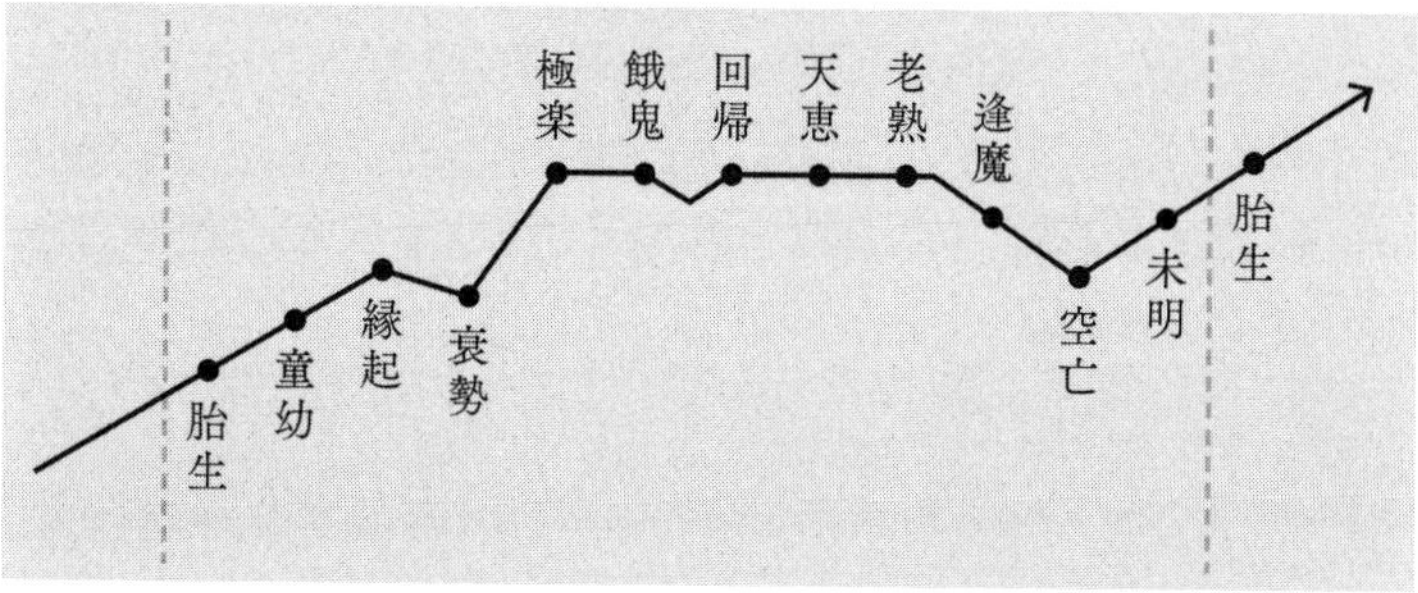

12年の大まかな運気の流れです。種まきの運気「胎生」からスタートして少しずつ上昇し、努力が実る「極楽」、つかみとった幸運が安定する「回帰」から「老熟」を経て、試練の冬「空亡期」となります。

◆ 空亡を乗り越えると…

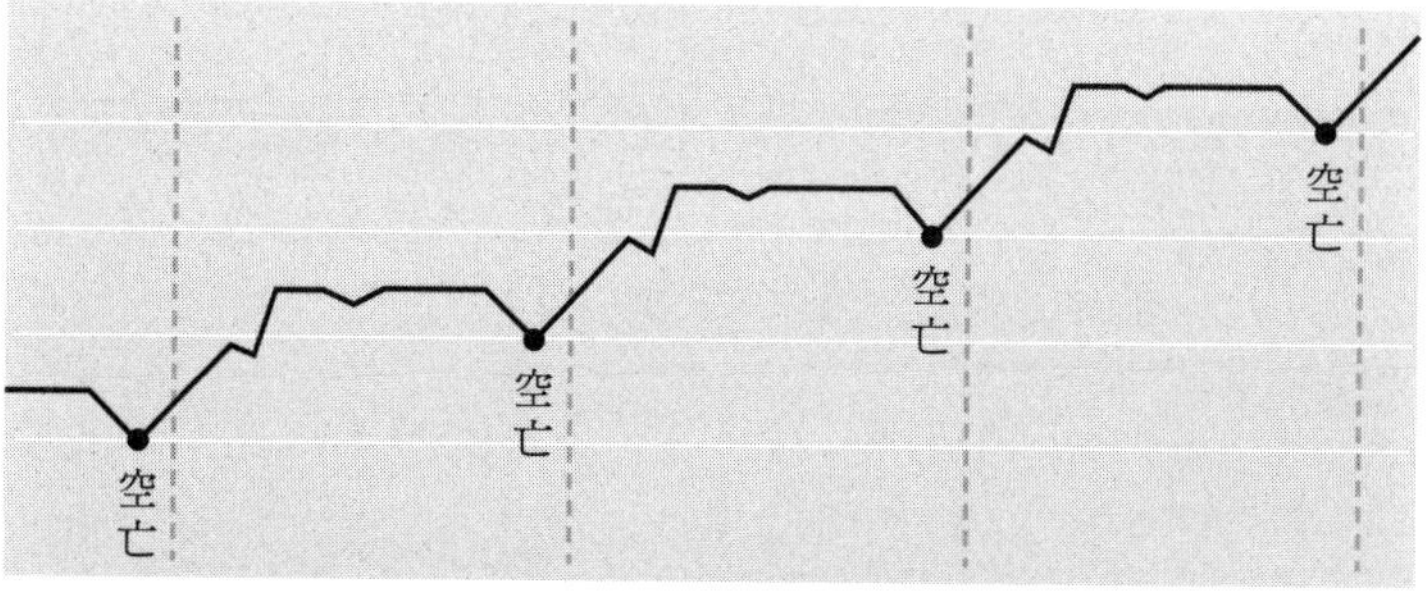

空亡期を乗り越えると、次の周期のスタート位置が一段上がり、人生のステージがだんだんと上がっていきます。新しい出逢いにも恵まれ、世界も大きく広がるでしょう。いくつになっても人は成長でき、人生を拓くことができるのです。

◆ 福寿縁タイプ別　運勢表

福寿縁タイプ	2021	2022	2023	2024	2025	2026	2027	2028	2029	2030	2031	2032
富士	童幼	縁起	衰勢	極楽	餓鬼	回帰	天恵	老熟	逢魔	空亡	未明	胎生
鶴	胎生	童幼	縁起	衰勢	極楽	餓鬼	回帰	天恵	老熟	逢魔	空亡	未明
達磨	衰勢	極楽	餓鬼	回帰	天恵	老熟	逢魔	空亡	未明	胎生	童幼	縁起
亀	縁起	衰勢	極楽	餓鬼	回帰	天恵	老熟	逢魔	空亡	未明	胎生	童幼
龍	餓鬼	回帰	天恵	老熟	逢魔	空亡	未明	胎生	童幼	縁起	衰勢	極楽
狛犬	極楽	餓鬼	回帰	天恵	老熟	逢魔	空亡	未明	胎生	童幼	縁起	衰勢
宝船	天恵	老熟	逢魔	空亡	未明	胎生	童幼	縁起	衰勢	極楽	餓鬼	回帰
熊手	回帰	天恵	老熟	逢魔	空亡	未明	胎生	童幼	縁起	衰勢	極楽	餓鬼
鯛	逢魔	空亡	未明	胎生	童幼	縁起	衰勢	極楽	餓鬼	回帰	天恵	老熟
金平糖	老熟	逢魔	空亡	未明	胎生	童幼	縁起	衰勢	極楽	餓鬼	回帰	天恵
招き猫	未明	胎生	童幼	縁起	衰勢	極楽	餓鬼	回帰	天恵	老熟	逢魔	空亡
神輿	空亡	未明	胎生	童幼	縁起	衰勢	極楽	餓鬼	回帰	天恵	老熟	逢魔

◆ 運気の意味と過ごし方

胎生

冬を乗り越えた後にやってくる、種まきの時期。新しいことをスタートするのに最適です。この時期に始めたことは、やがて大きな実りに。いい出逢いも期待できます。

▼

童幼

幼い子どもがぐんぐん成長していくように、運気が上がり始めます。ただし、まだ子どものようなひ弱さもあります。外の世界に飛び出して勉強や練習に励みましょう。

▼

福寿縁

縁起

「福寿縁」にあたる幸運な時期。今後の基本的な運気を決定づける重要な時期で、大きな決断をするときでもあります。結婚、起業、転職もうまくいきます。

▼

衰勢	頑張り続けた疲れが現れる小さな厄時期。人間関係ではトラブルが起きるかも。一度立ち止まって休みましょう。改めてコンディションを整え、準備する時期です。
極楽（福寿縁）	12年の中でも最高潮の「福寿縁」にあたる時期。ものごとが思うように進み目標を達成できます。何事にも積極的に取り組み、一気に勝負をかけるのが得策です。
餓鬼	福寿縁から一転、息継ぎが必要な小さな厄時期。精神的トラブル、人間関係のトラブルに見舞われることも。判断力も鈍りがちです。無理は禁物。休養を心がけましょう。
回帰	胎生が第一の出発点とするなら、回帰は第二の出発点。再び運気が上昇し始めます。過去の失敗をやり直すとうまくいきます。再婚やヨリを戻すにはいい時期です。
天恵（福寿縁）	「福寿縁」の幸運期。頑張ってきた人が必ず実りを得られる時期。お金に恵まれる絶好の機会でもあります。実りや金運を感じられないなら、これまでの生き方の見直しを。
老熟	回帰から天恵と、つかみ取った幸運が安定し、翌年からの冬の運気に備える大切な時期。特に、後半の過ごし方が大事。この後待ち構えている「宿題」が見えることも。
逢魔（空亡期）	神様からの「宿題」、苦手なことに取り組むことになる試練の時期、空亡期。突然失意を覚える出来事に見舞われることも。逆らわず、静かに受け入れることが大切です。
空亡（空亡期）	空亡期。苦しい時期ですが、抗わないこと。焦らず、粛々と「宿題」に取り組んでください。乗り越えれば、後の幸運につながっていきます。周囲の声を聞き、感謝も忘れずに。
未明	大変な宿題も終わりに近づき、明るい兆しが見え始めます。まだまだ油断禁物ですが、そろそろ新しい季節を迎える準備をしましょう。

STEP 3

気になる人との相性をみる

"相性表"で自分の福寿縁タイプと、
相手の干支が交わるところがふたりの相性です。

◆ 相性表

自分の福寿縁タイプ

宝船	熊手	鯛	金平糖	招き猫	神輿	相手の干支
回帰	餓鬼	老熟	天恵	空亡	逢魔	子
天恵	回帰	逢魔	老熟	未明	空亡	丑
老熟	天恵	空亡	逢魔	胎生	未明	寅
逢魔	老熟	未明	空亡	童幼	胎生	卯
空亡	逢魔	胎生	未明	縁起	童幼	辰
未明	空亡	童幼	胎生	衰勢	縁起	巳
胎生	未明	縁起	童幼	極楽	衰勢	午
童幼	胎生	衰勢	縁起	餓鬼	極楽	未
縁起	童幼	極楽	衰勢	回帰	餓鬼	申
衰勢	縁起	餓鬼	極楽	天恵	回帰	酉
極楽	衰勢	回帰	餓鬼	老熟	天恵	戌
餓鬼	極楽	天恵	回帰	逢魔	老熟	亥

自分の福寿縁タイプ

相手の干支

	富士	鶴	達磨	亀	龍	狛犬
子	胎生	未明	縁起	童幼	極楽	衰勢
丑	童幼	胎生	衰勢	縁起	餓鬼	極楽
寅	縁起	童幼	極楽	衰勢	回帰	餓鬼
卯	衰勢	縁起	餓鬼	極楽	天恵	回帰
辰	極楽	衰勢	回帰	餓鬼	老熟	天恵
巳	餓鬼	極楽	天恵	回帰	逢魔	老熟
午	回帰	餓鬼	老熟	天恵	空亡	逢魔
未	天恵	回帰	逢魔	老熟	未明	空亡
申	老熟	天恵	空亡	逢魔	胎生	未明
酉	逢魔	老熟	未明	空亡	童幼	胎生
戌	空亡	逢魔	胎生	未明	縁起	童幼
亥	未明	空亡	童幼	胎生	衰勢	縁起

◆ 12の相性の意味

胎生

若葉が吹き出すような力強くみずみずしいエネルギーをくれる人。最初の一歩を踏み出す力と勇気を与えてくれる存在です。

童幼

成長へと導いてくれる相性。人脈や仕事の可能性が広がるきっかけを与え、ワクワクするような楽しい気持ちにさせてくれる存在です。

縁起

福寿縁

人生の節目となる大きな決断を、力強く後押ししてくれる存在。この人との出逢いが、人生を大きく好転させるきっかけになります。

衰勢

小休止を与えてくれる存在。違う視点を与えてこれまでの人生を見直したり、立ち止まってエネルギーを蓄えるよう促してくれます。

極楽

福寿縁

実力以上の幸運や人気をもたらしてくれる人。自信とエネルギーが湧き上がり、実力が伴うよう努力をすることで人生が拓けます。

餓鬼

ミステリアスで、誘惑的な人。普段、人には見せない陰の部分や弱さを認めてくれます。息抜きやリラックスをするのに良い相性です。

回帰

失敗や挫折を乗り越えて再起する力を与えてくれる相性。失敗を大きく包み込み、穏やかに本来の道に戻してくれる存在です。

天恵

福寿縁

努力が報われるような金運を呼び込んでくれる素晴らしい相性。経済的な充実が心に余裕をもたらし、さまざまな幸運も招きます。

老熟

一緒にいるだけで大きな安心感を与えてくれる相性。どんなときも温かく受け入れ、励ましてくれる、深い絆で結ばれた存在です。

逢魔

人は裏切ることもある弱い存在だと教えてくれる相性。深い傷を負うこともありますが、人として成長する上で欠かせない存在です。

空亡

苦手な課題を突きつけてくる存在。この課題を乗り越えようと努力することで、もっとも弱い部分が鍛えられ、人生のステージが上がります。

未明

人生の断捨離を促し、運気を高めてくれる相性。なかなか断ち切れない人間関係などの問題をリセットし、新しい世界に向かわせてくれます。

◆ 干支 早見表

西暦（和暦）	干支	西暦（和暦）	干支
1943年（昭和18年）	未	1917年（大正6年）	巳
1944年（昭和19年）	申	1918年（大正7年）	午
1945年（昭和20年）	酉	1919年（大正8年）	未
1946年（昭和21年）	戌	1920年（大正9年）	申
1947年（昭和22年）	亥	1921年（大正10年）	酉
1948年（昭和23年）	子	1922年（大正11年）	戌
1949年（昭和24年）	丑	1923年（大正12年）	亥
1950年（昭和25年）	寅	1924年（大正13年）	子
1951年（昭和26年）	卯	1925年（大正14年）	丑
1952年（昭和27年）	辰	1926年（大正15・昭和元年）	寅
1953年（昭和28年）	巳	1927年（昭和2年）	卯
1954年（昭和29年）	午	1928年（昭和3年）	辰
1955年（昭和30年）	未	1929年（昭和4年）	巳
1956年（昭和31年）	申	1930年（昭和5年）	午
1957年（昭和32年）	酉	1931年（昭和6年）	未
1958年（昭和33年）	戌	1932年（昭和7年）	申
1959年（昭和34年）	亥	1933年（昭和8年）	酉
1960年（昭和35年）	子	1934年（昭和9年）	戌
1961年（昭和36年）	丑	1935年（昭和10年）	亥
1962年（昭和37年）	寅	1936年（昭和11年）	子
1963年（昭和38年）	卯	1937年（昭和12年）	丑
1964年（昭和39年）	辰	1938年（昭和13年）	寅
1965年（昭和40年）	巳	1939年（昭和14年）	卯
1966年（昭和41年）	午	1940年（昭和15年）	辰
1967年（昭和42年）	未	1941年（昭和16年）	巳
1968年（昭和43年）	申	1942年（昭和17年）	午

西暦（和暦）	干支
1996年（平成8年）	子
1997年（平成9年）	丑
1998年（平成10年）	寅
1999年（平成11年）	卯
2000年（平成12年）	辰
2001年（平成13年）	巳
2002年（平成14年）	午
2003年（平成15年）	未
2004年（平成16年）	申
2005年（平成17年）	酉
2006年（平成18年）	戌
2007年（平成19年）	亥
2008年（平成20年）	子
2009年（平成21年）	丑
2010年（平成22年）	寅
2011年（平成23年）	卯
2012年（平成24年）	辰
2013年（平成25年）	巳
2014年（平成26年）	午
2015年（平成27年）	未
2016年（平成28年）	申
2017年（平成29年）	酉
2018年（平成30年）	戌
2019年（平成31・令和元年）	亥
2020年（令和2年）	子
2021年（令和3年）	丑
2022年（令和4年）	寅

西暦（和暦）	干支
1969年（昭和44年）	酉
1970年（昭和45年）	戌
1971年（昭和46年）	亥
1972年（昭和47年）	子
1973年（昭和48年）	丑
1974年（昭和49年）	寅
1975年（昭和50年）	卯
1976年（昭和51年）	辰
1977年（昭和52年）	巳
1978年（昭和53年）	午
1979年（昭和54年）	未
1980年（昭和55年）	申
1981年（昭和56年）	酉
1982年（昭和57年）	戌
1983年（昭和58年）	亥
1984年（昭和59年）	子
1985年（昭和60年）	丑
1986年（昭和61年）	寅
1987年（昭和62年）	卯
1988年（昭和63年）	辰
1989年（昭和64・平成元年）	巳
1990年（平成2年）	午
1991年（平成3年）	未
1992年（平成4年）	申
1993年（平成5年）	酉
1994年（平成6年）	戌
1995年（平成7年）	亥

私の人生を変えた七人

自分の半生を振り返ってみると、人生が大きく変わる局面には、必ずぐーたらな私の背中を押し、新しい世界へ導いてくれた出逢いや縁がありました。思い返せば、彼（彼女）らとの出逢いなくして今の私はなく、すべてが必然であったように思います。決して強運とは言えない私の運勢ですが、占いの知識があったからこそ、ひとつひとつの出逢いを人生に活かすことができたのだと思います。

前述しましたが、28歳のとき、生きる意味が見つからず飲んだくれていた私に「今すごく忙しいから、代わりに下書きしてくれないか」と声をかけてくれたのは、脚本家・桃井章さんでした。桃井さんは私から見ると「極楽」の相性。「これが、私が変われる最初で最後のチャンスかもしれない」と必死で脚本を書き上げ、食らいつき、それがデビューにつながりました。泥沼のようなところから抜け出し、脚本家の道を拓くことができた、まさに運命の出逢いだったと思います。

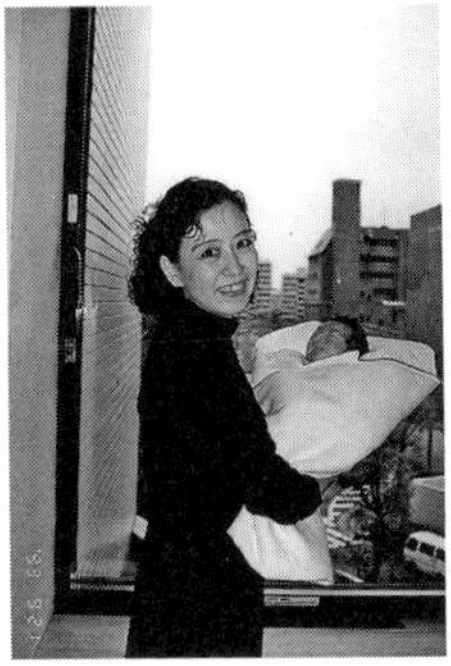

『ドクターX』のエグゼクティブプロデューサー、テレビ朝日の内山聖子さんとは「空亡」。真面目にコツコツ書くという私の最も苦手な試練を与え、いつも勝負を求められるので、逃げたくなることもありますが、試練を乗り越え、力を合わせることで、ヒット作を生み出すことができました。私の作品の中で最も長く、多くの人に愛されるドラマに育ったのは、「空亡」の相性から逃げずに真摯に向き合ったご褒美だと感じています。

その他にも、占いの師匠・今村先生や林真理子さん、脚本家仲間の林誠人さん、我が息子、朝ドラや大河へとつながる道を拓いてくれた先輩脚本家の大石静さんなど、ひとつひとつの出逢いが私を大きく変え、人生のステージを引き上げてくれたと感謝しています。

←詳細は「中園ミホ 出逢いの人生年表」にて

出逢い5 林真理子さん

作家・林真理子さんとは、『不機嫌な果実』の原作者として出会う。人生や仕事に対する向き合い方を変え、「高みを目指せ」と引き上げてくれた。相性＝未明

出逢い4 息子

33歳、未婚で息子を出産。「この子をしあわせにするためには、自分がまずしあわせにならなければ」と、ぐーたら卒業を決意させ、私を強くしてくれた。相性＝縁起

出逢い6 内山聖子さん

プロデューサー・内山聖子さんと出会う。私に欠けている性質を持ち、『ドクターX』など、思いも寄らない結果をもたらしてくれる人。相性＝空亡

出逢い7 大石静さん

脚本家・大石静さんと出会う。自分には無理だと諦めていた、朝ドラや大河を書くきっかけや勇気を与えてくれた先輩。進むべき道を照らしてくれる。相性＝老熟

年	年齢	出来事
1990年	31歳	
1991年	32歳	
1992年	33歳	▼『君のためにできること』
1993年	34歳	出産 ▼『白鳥麗子でございます！』
1994年	35歳	
1995年	36歳	▼『For You』
1996年	37歳	▼『Age35 恋しくて』『Dearウーマン』
1997年	38歳	▼『不機嫌な果実』
1998年	39歳	▼『ラブとエロス』
1999年	40歳	▼『恋の奇跡』
2000年	41歳	▼『恋愛中毒』『20歳の結婚』『やまとなでしこ』
2001年	42歳	▼『氷点2001』『スタアの恋』
2002年	43歳	▼『ぼくが地球を救う』
2003年	44歳	▼『ハコイリムスメ！』
2004年	45歳	▼『南くんの恋人』
2005年	46歳	▼『anego』 映画『東京タワー』
2006年	47歳	▼『プリマダム』
2007年	48歳	放送文化基金賞受賞 ▼『ハケンの品格』
2008年	49歳	放送ウーマン賞2007受賞 ▼『OLにっぽん』
2009年	50歳	日韓合作ドラマにも挑戦 ▼『コールセンターの恋人』
2010年	51歳	▼『ナサケの女～国税局査察官～』
2011年	52歳	▼『下流の宴』『専業主婦探偵』
2012年	53歳	朝ドラ執筆依頼 ▼『はつ恋』『ドクターX』シリーズスタート
2013年	54歳	橋田賞・向田邦子賞受賞 ▼『ドクターX』
2014年	55歳	▼『花子とアン』『ドクターX』
2015年	56歳	東京ドラマアウォード受賞 ▼『Dr．倫太郎』
2016年	57歳	大河ドラマを引き受ける ▼『トットてれび』『ドクターX』
2017年	58歳	大河ドラマを執筆の日々
2018年	59歳	▼『西郷どん』
2019年	60歳	▼『ドクターX』
2020年	61歳	▼『ハケンの品格』『七人の秘書』
2021年	62歳	▼『ドクターX』

中園ミホ　出逢いの人生年表

出逢い1
今村宇太子さん
東洋占術の大家・今村宇太子さんに初めて占ってもらい、誰にも打ち明けていない気持ちを言い当てられ、衝撃を受けて弟子となる。相性＝空亡

出逢い2
林誠人さん
脚本家・林誠人さんとは、同僚に頼まれて代理出席したシナリオ学校で出会う。第一印象はお互い良くなかったが、後に仕事仲間に。今でも相棒のような関係。相性＝極楽

出逢い3
桃井章さん
脚本家・桃井章さんとは新宿のバーで出会う。「こんな生活は29歳まで」と私の将来を案じ、脚本家デビューに導いてくれた恩人。30年来のつきあい。相性＝極楽

1959年	0歳	誕生
1960年	1歳	
1961年	2歳	
1962年	3歳	
1963年	4歳	
1964年	5歳	
1965年	6歳	
1966年	7歳	
1967年	8歳	
1968年	9歳	
1969年	10歳	父、死去
1970年	11歳	
1971年	12歳	
1972年	13歳	
1973年	14歳	（出逢い1）
1974年	15歳	
1975年	16歳	
1976年	17歳	
1977年	18歳	
1978年	19歳	大学入学／母、死去
1979年	20歳	占いの今村先生のところへアルバイト
1980年	21歳	
1981年	22歳	就職試験に全敗
1982年	23歳	大学卒業／代理店に就職／シナリオ講座に参加（出逢い2）
1983年	24歳	退職／占いの今村先生のアシスタントに
1984年	25歳	占い師として一本立ち
1985年	26歳	失恋／脚本家を目指す
1986年	27歳	（出逢い3）
1987年	28歳	脚本家デビュー
1988年	29歳	▼『ニュータウン仮分署』
1989年	30歳	

※テレビの連続ドラマの脚本は放送が始まる数カ月〜1年前に書き始めることが多いため、年表に記載されたドラマはその前年に書いたものがほとんどです。

相性を活かして しなやかに生きる

“福寿縁うらない” 8つのルール

ルール
1

苦手な相手はまず占ってみる

私は月に一度新聞で「悩み相談」を担当していますが、そこに寄せられる悩みは、職場の上司や同僚、友人、家族、ママ友、ご近所づきあいなど、そのほとんどが人間関係です。

私はこのコロナ禍での変化を利用して、人間関係を断捨離するのもひとつの手だと思います。このような時期だったら、会うと疲れる人からの誘いは断れるでしょう。そうやって、ひっそり縁を断つのです。**人づきあいに悩んでいる人たちはみなさん、やさしい心の持ち主です。気を遣いすぎているところもありますから、これを機に人間関係を見直し、距離を置くことを考えてみましょう。**

「あの人と話すとなんだかすごく疲れるけど、そう思っちゃうのは失礼かな。私の気分の問題かな」などと自分をごまかしたりせず、自分の勘を大切にしてください。

とはいえ、職場や仕事関係の人だとそう簡単にはいきませんよね。そんなときこそ、占いを使ってほしいのです。その苦手な相手を一度占ってみてください。

どんな人にも平等に運気が落ちるときは訪れますから、必ずその相手にも空亡がやってきます。また、弱点や苦手なことも知ることができます。占いで、そういう人間的なほころびのようなものを感じられたら、少しだけ親近感が湧いたりして、ずいぶん気持ちがラクになるのではないでしょうか。

威張り散らしている上司にうんざりしていても、「あっ、この人は来年から空亡に入る。空亡期はこれまでと逆のことが起きるから、今あんなに威張っているということはきっと逆風が吹く。栄華をきわめられるのは今年まで」そう思えば、腹も立たなくなりますし、「へえー、この人は孤立するのが怖いんだ」とわかると、憎たらしい態度もコンプレックスの裏返しに見えたり。その人が弱点を見せられずに困っているとき、さり気なくサポートしてあげれば、あなたへの態度も変わってくるかもしれません。

占いというフィルターを通せば、相手を冷静に見ることができ、感情的なストレスからも開放されるはずです。ぜひ試してみてください。

ルール
2
妬みと恨みに気をつける

若い頃、占い師としてさまざまな人たちの悩みを聞いていた経験から、私は**人間関係のトラブルのほとんどは「妬《ねた》みや恨《うら》み」から生ずるもの**だと思うようになりました。

先日も「いつも妬みを言ってくる同僚がいて困っている」と相談を受けましたが、嫉妬や妬みというのは、相手のコンプレックスから生まれる「うらやましい」という一方的な感情ですから、それは取り合わないのが一番。相手の言動にとらわれてイライラしていたら、相手にも空気が伝わり、攻撃に拍車がかかってしまいます。

逆に、その人の身に嬉しいことや楽しいことが起こって精神状態が良くなれば、こちらを攻撃することもなくなるでしょう。とにかく自己防衛に徹することです。

日本には、昔から言霊《ことだま》という考えがあり、運気を下げる言葉は口から出さないのに限ります。**何か言いがかりをつけられたり、相手の悪い感情が飛んできたりしたときは「どうか、あの人にいいことが起きますように」と心の中でつぶやきましょう。**

一方、「恨み」は、互いの関係から起こります。略奪婚や不倫を思い浮かべてみるとわかりやすいでしょう。

夫を奪われた奥さんからしたら「彼女さえいなければ」と思うのは当然ですから、きっと一日中悪い感情にとらわれ、その悪い気は当然彼女にも飛んできます。占い師時代、調べてみるととても良い運気の時期なのに八方塞がりで、深刻な状態で相談に来られる方は、たいていこうした事情を抱えていました。

相談者が本来の運気を取り戻すには、彼を奥さんのもとへと返すことができればいいのですが、中にはどうしても諦められないという人もいます。私は、今村先生がこうした相談者に諭す言葉をそのまま伝えていました。

「恨みを受け続けることを覚悟してください。そして、一生背負うことになります。あなたに、もしできることがあるとすれば、傷つけてしまった相手のしあわせを毎日祈ること。それしかないと思いますし、その思いはいつか届きます」

人の恨みほど恐ろしい感情はありません。

ものすごく良い運気の時期なのに調子が悪い、ろくなことがないという人は、恨みが飛んできていることがあります。家族、恋人、友人との関係がこじれていないか、まわりの人たちが健やかに過ごせているか、心を配りましょう。

ルール3

出逢いの秘訣は占いに溺れないこと

私はいつ、どんな人と出会って、結婚するのだろう——。

まだ見ぬ「運命の人」を探しているときに、占いを使うこともあると思います。何歳でどんな人と結婚するかなど、未来を予言する占いもありますし、最近はテレビ番組などの影響で、占いに「予言」を求める人が増えているとも聞きます。

けれども、占いの結果にあなたの人生を決めてもらっても良いのでしょうか。

結果にこだわりすぎると、逆に出逢いの可能性を失ってしまいます。

「何歳で結婚する」という占いの結果にしばられ、それより早く訪れた出逢いのチャンスを逃してしまったら、それこそもったいないと思いませんか。相手についても「年下」と出ると、年上の人には目がいかなくなりますが、年上の中にも、年下の友達のように安心できる方はいるはずです。

占いは「しあわせになるためのツール」なのに、これでは本末転倒。とても残念に思います。

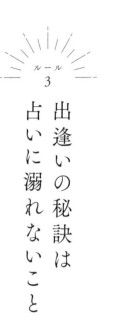

プライベートでも親しいドラマスタイリストの草分け的存在である西ゆり子さん（私のドラマ『七人の秘書』の衣装スタイリングも担当）は、おしゃれになる秘訣を問われると必ずこう答えるそうです。「まずは10年後の自分を想像してみて。あなたはどんな服を着ている？」と。

おしゃれというのは、将来の自分をありありとイメージすることから始まり、それができれば、自ずと「今の自分」が着る服が決まり、個性が活きるおしゃれができるようになるそうです。逆に、将来像がないままに流行のトレンドやおすすめばかりに流されると、結局おしゃれがわからなくなる、と。

占いも同じです。自分の未来のイメージが描けないと、占いに振り回されたり、溺れたりすることになってしまいます。自分はどんな恋をして、どんな人と結ばれたいか、どういうしあわせをつかみたいか……。**占いの結果というのは、将来のパートナーを思い描く際のひとつのイメージ、出逢いのインスピレーションを高めるきっかけに使ってほしい**と思います。

繰り返しますが、どうかあなたのしあわせをつかむために占いを使ってください。大切なのはあなたが思い描く未来です。

ルール
4

人間関係は「脱皮していくもの」ととらえる

人は出逢いと別れ、そして、また新たな出逢いを繰り返して生きていきます。

人間関係は悩めば悩むほど難しくなり、このまま変わらずずっと続いていくものと思いがちですが、私は人間関係というのは「常に動いているもの」だと思っています。出逢いと別れを繰り返し、常に変化しながら続いているものなのです。

占いでは、運気サイクルの「未明」から次の「胎生」にかけての時期に、人間関係に大きな変化があると言われています。

「未明」から「胎生」というのは、ひとつの運の周期が終わり、新しいサイクルが始まるとき。厳しい冬の空亡期がいよいよ終わりに近づき、地中に潜っていたようなところからパーっと外に出てくるようなイメージです。「未明」の上半期を終えたあたりから、春の「胎生」の運気を帯び始め、気持ちも軽くなってうっすら遠くに光が見え始めます。この先10年、自分が向かうべきものが照らされ、今後の方向性が見えてくるのです。

この時期、身近な人が離れていったり、大切にしていたものが姿を消してしまったりということもよくありますが、そこに執着しないことが大切です。何かを捨てないと新しいものは絶対に入ってきませんし、人間関係というのは人が成長するにつれて変化し、人生のステージに合わせて「脱皮していく」ものだからです。

そういった変化はあなたが生まれ変わりつつあるという証《あか》しですから、リセットし、新しい運気を迎え入れる準備をしてほしいと思います。無理してつきあっている人との縁を切ったり、まわりを傷つけるような恋愛を清算したりするのも良いでしょう。

そして、「胎生」に入ると、出逢いも、今までとは全く異なるタイプの人と知り合うなど、新しいチャンスがたくさん待っています。

運というのは人が運んできてくれるものであり、自分の力と行動、その時々に出会う人によって、運勢はどんどん切り拓いていくものだと私は思っています。大勢の人が集まる場所にどんどん出かけ、新しい空気をいっぱい吸ってたくさんの人と出会ってください。これまでとは何か違うという実感があるはずです。

そして、これは空亡期というつらい時期を乗り越えて成長し、ひとつ上のステージに立ったからこそ味わえる体験です。「胎生」の年は、次の10年を決める大切な時期でもあります。どんどんアクティブに動いて、新しい環境を謳歌《おうか》してください。

ルール
5

金運はお金持ちからもらう

先にも書きましたが、運気というのは、人と人との間で流れているものです。

自分の力だけで強運をつかんだという人はいませんし、運はたいして強くないのにすごくしあわせそうな人もいます。それは、その人がまわりの人の運気をうまく使っているから――。そう考えると、**金運を司る「お財布」を、お金持ちの人からもらったら金運も移る**のではないかと実験したところ、やっぱりそうでした。

私のエピソードを紹介しましょう。

初めてお願いしたのは、林真理子さんの小説『不機嫌な果実』を脚色することになったときでした。

その頃私は、小さいマンションを仕事部屋として買ったばかりでカーテンをつけるお金もなくなっていました。林さんは親身になって私の話を聞いてくださり、その流れから「使い古したものでいいので、お財布をいただけませんか」とお願いしてみたのです。

林さんは「お安い御用よ」と、気前よくハイブランドの素敵なお財布を買ってくださったのですが、すると、そこから金運がどんどん良くなっていったのです。カーテンも買えましたし、ドラマもヒットしました。その後も林さんから、2代目、3代目とお財布をいただきましたが、新しいお財布に替えると、それまで落ち着いていた金運が盛り返すのです。

また、知り合いのお金持ちXさんから海外旅行のお土産にお財布をいただいたときもそうでした。やはり「お金持ちの人からお財布をもらえば、金運は上がる」のです。ただ、これは思いも寄らなかったのですが、**お財布をもらうと、その人の「お金の使い方」までもらってしまう**のです。

林さんからいただいたお財布を使っているときは、林さんの華やかなショッピングぶりがうつり、気が大きくなって今までとても手が出なかったような洋服をバンバン買ってしまって自分でも驚きましたし、気前のいいXさんからのお財布を使っていたときは、洋服は買わなくなったのですが、今度は豪快にご馳走するようになりました。金運を人のために使うと開運につながります。でも、あるとき、テレビ局のスタッフ何十人分の支払いをしていたときには愕然《がくぜん》としました。お財布と一緒に金運をいただくと、お金の使い方も似る。その点はしっかり心得ておきましょう。

ルール
6

運は惜しまず気持ちよくあげる

相性は、自分から見た相手の相性、相手から見た自分の相性、双方向で見ることが大切ですが、運の量からすると、どちらにとっても「ウィンウィンの関係」というのはあまりありません。まわりが憧れるようなおしどり夫婦も、うまくいっている仲良しカップルも、どちらかが運をあげて、どちらかが運をもらっています。

これは、もともと持っているものに差があるというか、優劣が若干あると言ったほうがわかりやすいかもしれませんが、運気は強いほうから弱いほうに流れ、どちらかが吸い取るものだからです。

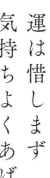

強い運の人、弱い運の人というのは、みなさんが思っていることとは、ちょっと違うかもしれません。

私が思う**「運の強い人」とは、人生の振り幅が大きく、アップダウンの激しい波瀾《はらん》万丈の運勢だけど、それを乗り越えられる人。**大成功もありますが、大失敗もある、そんな人生です。そのため多くの人に影響を与え、まわりの人たちの運気まで変えてしまいます。一方、**「運の弱い人」というのは、人生の上下の振り幅が少ない運勢の人。穏やかな人生を送れるのですが、人の運気に左右されやすい**ので、そばにいる運の強い人が、空亡期などのつらい時期に入ってしまうと一緒に落ち込みやすいし、その逆で、福寿縁の時期には一緒に良くなるということです。

どのように影響を及ぼし合うかは、詳しく占ってみないとわかりませんが、もしも、どこかで占ってもらったときに、「あなたにとって、この人は運気を吸い取る男性ですね」と言われて心配になったりしたら、こう思ってください。

「私の愛情のほうが深くて、彼に私の運気をあげているの。今彼の調子がいいのは、私のおかげね」と。

実際に私も占い師をやっていたときは「あなたの運気は下がるけれど、相手はそれを吸い上げて上がっていくから、それがあなたの務めだと思って頑張って」と、励ましていました。それに、あまりにも運が強い女性だと、運を吸い取ってくれる人と結婚したほうがうまくいくことがあります。夫婦の場合は、それぞれの役割をこなせばいいのです。ウィンウィンの関係にこだわる必要はないと思います。

運が強い、弱いにかかわらず、皆、運気を影響し合って生きています。運は惜しまず、気持ちよくあげましょう。あなたのもとにもちゃんと巡ってきますから。

ルール
7

相性を使いこなして人生の味方につける

あなたが人生で巡り会う人は、「胎生」「童幼」「縁起」「衰勢」「極楽」「餓鬼」「回帰」「天恵」「老熟」「逢魔」「空亡」「未明」のいずれかのメッセージを持っています（P54～55参照）。元気を出したいとき、リフレッシュしたいとき、決断できないときなど、相性を活かすと、人間関係はあなたの頼れる応援団になります。

ひとつずつ説明していきましょう。

「胎生」は、始まりの存在。若葉が吹き出すような力強くみずみずしいエネルギーをくれる人です。やりたいことがあっても今ひとつ勇気が出ないときは、この相性の人に相談してみると、あなたの背中を押してくれます。一緒にいると気持ちも軽くなり、自信が湧いてくるのを感じるでしょう。長年やりたかったことがパーっと一気に発芽していくでしょう。

「童幼」は、成長へ導いてくれるような存在で、すくすく育つようなイメージです。遊び心で、ワクワクする楽しいエネルギーをくれるので、一緒にいると気持ちに勢いがつきます。普段は深刻に考えてしまいそうなことも気にならなくなり、どんどん前に進んでいけるでしょう。フランクにつきあえ、とにかく楽しく賑《にぎ》やかになります。人の輪や仕事の可能性が広がることもあるでしょう。

「縁起」は、ソウルメイトのような存在。「何かを決定づける」という強いメッセージを持っているので、一緒にいると勇気が出て、決断力や判断力が高まります。人生に迷ったり、岐路に立たされたりしたときには、縁起の人に相談すると良いでしょう。そこから道が拓けたり、がらりと変わって転機になったりと、人生を大きく好転させるきっかけになります。そばにいるだけでパワーをもらえます。また、この相性のアーティストの作品を鑑賞するだけでも、やる気が出てくるのを感じるでしょう。

その一方で、煮え切らないまま安易に相談してしまうと厳しいことを言われたり、決断を迫られたりすることに。とにかく結びつきが強く、あなたの人生に深くかかわることになる人です。

「衰勢」は、小休止させてくれる存在。つらいときや寂しいときに一緒にいると、心の傷がいえ、安らぎを得ることができるでしょう。必死で頑張ってもうまくいかないようなときに「少し休んでもいいいんじゃない」と心の余裕を取り戻させてくれます。ただ、このやさしさに甘えっぱなしになってしまうと、肩透かしを食ったり、あなたの前から突然去ってしまったりすることも。緊張感を持ってつきあえば、ともに成長できる相手です。

また、自分の人生にはないニュアンスや癒やしをくれる人なので、異性の場合は特に離れられないほど魅力的な存在に。スリリングな恋の沼に溺れてしまわないように。

「極楽」は、真夏の太陽のようにあなたを高め、人気や注目をもたらしてくれる存在です。一緒にいると、あなたにスポットライトを当て、「より大きく見せて」くれますので、勝負どころでは思いきり力を借りましょう。強い味方になってくれます。あなたの中にも不思議なエネルギーが湧いて、「自分はすごい!」と思えるでしょう。

しかし、言い方を変えると、とにかく目立つようになりますので、いいことだけではなく、悪いことも明るみに。また、実力以上に自分を大きく見せるので、その評価に見合うよう努力を続けなくてはいけません。

私にとって同級生（早生まれ以外）はこの相性なのですが、いつも注目されたり期待されることにしんどさを感じていたのも事実です。人前に出たり、目立ったりすることがあまり得意ではない鯛や金平糖タイプの人にとっては、不安やプレッシャーを感じてしまう相性かもしれませんが、可能性を広げてくれる人でもあります。

この相性の人と一緒にいるとモテますし、サービス業やビジネスを一緒にするにも良い相手です。

「餓鬼」は、ミステリアスな雰囲気で、甘く誘惑的な存在。リラックスや息抜きをさせてくれる相手です。ひとつのことに集中しすぎて行き詰まったり、深みにはまったりしたときに話をすると気が紛れ、ほっとした時間をくれるでしょう。趣味のサークルなどで知り合うと良いご縁になります。

また、ふだん人には見せないダークなところや弱さを見抜き、それを認めてくれる人でもあります。富士や鶴タイプの人なら、奥底に抱えている孤独をわかってくれる相手になるでしょう。

べったり一緒にいると迷いが増えたり、決断力が鈍ったりすることがあるので、仕事の相談相手にはあまり向きません。

「回帰」は、本来の道に戻してくれたり、もう一度やる気にさせてくれたりする人。一度挫折したり、諦めていたりすることに再チャレンジしたいときは、この相性の人に相談すると良いでしょう。過去の失敗も大きく包み込み、穏やかにアドバイスをしてくれるので、あなたの心にふつふつと勇気が湧いてくるのを感じるはずです。転職や再就職の相談にも向いています。

また、再婚相手を探しているときに出会ったら、それは運命！と思えるほどのご縁。穏やかでしあわせな日々を送ることができるでしょう。熟年結婚にもおすすめです。

恋人や友人関係でも、一度離れてしまってもどこかで再会し、そのほうがうまくいく。むしろ、一度離れたほうがうまくいく相性です。

「天恵」は、経済につながる相性。結婚相手としても好相性ですし、仕事でも友人でも、一緒にいるとお金を引き寄せてくれます。

といっても、金運が降ってくるという意味ではありません。あなたの努力を「形」にしてくれる存在です。ずっと頑張っているのになぜか結果がついてこない。報われないという人は、この相性の人とつきあうことで努力が実り、お金が入ってくるようになるでしょう。仕事のアドバイスを求めるのにも最適な人です。

ただ、この本を書くにあたって昔の占いノートを見返していたところ、赤字で何度も書いていた注意点がありました。このタイミングで見つけたのも、これは今村先生からのメッセージではないかと思い、ここに記します。

「本来はとても良い相性ですが、お金だけのつながりになると破綻します。打算的になると、みるみる関係が冷えていく。お金よりも、心のつながりを大切に」

特に、達磨、亀、宝船、熊手、招き猫、神輿タイプの人は気をつけてください。

「老熟」は、自分がすべての力を使って引き寄せたような、強い縁。あなたの人生にとって必要な人です。人生経験を積み、酸いも甘いも噛み分けた頃に出会うと、一気に打ち解けます。友達なら、無二の親友に。たくさん恋愛をしてきた人なら、最後の運命の人となって現れることもあるでしょう。親子なら、前世からの結びつきがあると言われるほど深い絆で結ばれた相性。長く切れることのない縁です。

この相性の人は出会った瞬間、懐かしい感じがするはず。どんなときも温かくあなたを受け入れ、励ましてくれます。一緒にいると、ものすごい安心感を得ることができるでしょう。一生涯をかけてそのありがたみを知ることになる人です。

「逢魔」は、ピリッと気持ちを引き締めてくれるような存在です。簡単にウマが合うタイプではないので、相手を理解しようと努力して関係が深まります。ときには裏切られたと感じることもあるかもしれませんが、人として成長する上で欠かせない存在です。人を見る目が養われ、人間関係の複雑さや脆《もろ》さを知ることができるでしょう。

逢魔の人という鏡の前に立てば、あなたの心は偽りなく映し出されます。弱さや後ろ暗いところも突きつけられるのでつらいかもしれませんが、この相性を活かし、真っすぐに生きているかを確認しましょう。

また、相手からの自分の相性をみて双方向での意味を考えると、新たなメッセージが見えてくるはずです。

「空亡」は、一番の試練を与える存在。あなたが苦手なことやりたくないようなことを与え、ムチを打って成長させてくれる大切な人です。

私のようなぐーたらな怠け者には、もっとコツコツ勤勉に働きなさいという上司として現れるかもしれませんし、人づきあいが苦手な人には社交的でお節介な友人として登場するかもしれません。いずれにせよ、一緒にいると逃げ出したくなることもあるけれど、乗り越えることでぐっと成長できる相手です。

つきあっていると、自分とは価値観や感覚が違うと感じたり、ぶつかることもありますが、その緊張感のある関係からしか生まれないものもあります。力を合わせ、試練を乗り越えることで化学反応が起こり、実力を超えた大きな結果が出ることもあるでしょう。恋愛も全く惹かれないか、あっという間に魅了されてハマってしまうかの両極端。ラクをしてしあわせになれる相性ではないので、その点では覚悟が必要です。

「未明」は、浄化し、リセットしてくれる存在。あなたが次の幸運期に乗るために「片づける」というメッセージを持っている人です。何かを捨てないと新しいものは入ってきませんから、新しいことを始める前にはこの相性の人に相談し、すっきりさせると良いでしょう。

また、腐れ縁、しがらみ、悪いクセなど、何か断ち切りたいものがあるなら、この相性の人に相談するのが一番です。心の整理がつくでしょう。自分の良くないところを気づかせてくれ、その殻を破りたいときにも力になってくれます。

ただ、まだ自分の中に迷いが残っている中途半端な状態で相談すると、なんでも清算することになってしまって後悔することも。馴れ合いを許さない人なので、準備が整ってからアドバイスを求めるようにしましょう。

ルール
8

マイナス×マイナスの相性はプラスに変える

12の相性の中には、「逢魔」や「空亡」など、厳しそうで、あまり積極的にかかわりたくないと思ってしまう相性もあるかと思いますが、私はこういった相性の人こそ、逃げずに真摯に向き合って、大きな力に変えてほしいと思います。

年を重ねると、人生経験を積んでいる分、人づきあいもうまく器用になりますが、わかり合えるような人とばかりラクにつきあっていては、そこで成長は終わります。理解しがたい人、思いがすれ違ってしまう人、裏切られたり、誤解されたり……私のような年齢になると、そういう苦労のある「マイナス」の出逢いこそ貴重に思えます。人間関係にピリッとした緊張感をもたらし、成長させてくれるきっかけでもあるからです。

人間関係というのは常に動いているものであり、その人の持っている役割を終えると離れていったり、疎遠になったりする人もいますが、深追いすることはありません。縁があれば再会するでしょうし、別れの後には新しい出逢いが待っています。

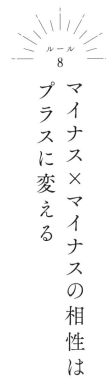

また、**つきあい方次第で、マイナスの相性はプラスに変えることができます。**

私の知り合いに、双方にとって「逢魔」の相性の夫婦がいます。

この組み合わせは、ふたりだけの世界で向き合うと常に緊張を強いられるので、リラックスや安らぎを求める家庭の相性としては、息苦しくなるかもしれません。しかし、ふたりがうまくいっているのは、力を合わせて会社を営んでいるから。エネルギーを外に向けたことで、仕事では緊張感を持った良い関係が築け、家庭では穏やかに過ごせるのです。また、ふたりが人のために尽くす仕事をしているのも大きいでしょう。かかわっている人たちからの感謝や応援の思いがふたりのもとに集まって、しあわせをもたらしてくれているのだと思います。

このようにマイナスとマイナスの相性は、うまく乗り越えることができれば、圧倒的な強さ、大きな力になるのです。

何ひとつトラブルのない人生はありません。そこでジタバタもがきながら、まわりの人たちの力も借りて、困難を乗り越えることで自分の殻を破り、新しい人生が拓けます。

厳しいと思える相性こそ、あなたの可能性を広げてくれるものです。成長につなげていきましょう。

中園ミホの
福寿縁
うらない

福寿縁うらない相性の読み解き方

ここでは、12の福寿縁タイプの「人づきあいの傾向」と、それぞれの福寿縁タイプにとっての「12の相性」をまとめています。12の相性は相手の干支（P56〜57参照）でみてください。

まずは、「自分の人づきあいの傾向」をチェックしてみましょう。

これがあなたの〝本質的な〟性格であり、人づきあいの傾向になります。

占いでは、この本質の通りに生きるほうがラクに生きられると言われますが、空亡期の試練を乗り越えたり、努力を続けたりすることで、その枠に止まらずどんどん幅を広げている方もいます。

当たっている／当たっていないと読みがちですが、自分の「根っこ」としてとらえることで、自身を客観的に見ることができるようになります。自分を知ることは人間関係の基本ですから、きちんと確かめましょう。

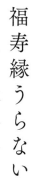

次に、相手の「人づきあいの傾向」を調べます。

人間関係の悩みは、相手をよく知らない、わからないことから起こります。その人がどんな人かということは、普通は時間をかけてじっくりつきあってみなければわかりませんよね。とくに仕事の場では、なかなか相手の本音が見えずに不安になってしまうこともよくあるものです。だから、「一度、お食事でもいかがですか」となるわけですが、この占いを使えば、もっと簡単に相手のことを知り、つきあい方のヒントをつかむことができます。人見知りだったり人づきあいが苦手な人にとっては、初対面のときの緊張を軽くすることができるでしょう。

私の場合、新しいドラマの仕事が始まる前には、プロデューサーをはじめ演出スタッフや俳優さんたちなど、制作チームのメンバーをできる限り占います。基本的な性格やつきあい方の傾向など、その人の「根っこ」を知れるのでつきあい方がわかり、余計なことに悩まないようになります。仕事もしやすく、より集中できるようになります（この章では、各タイプの冒頭ページでそれぞれのタイプとのつきあい方のヒントを紹介していますので、参考にしてください）。

最後に、互いの相性をみます。大切なことなので何度も言いますが、相性にいいも悪いもありません。

簡単にいうと、一般的な占いでいわゆる「いい相性」と出るのは、あなたと感性が似ている人ということであり、その一方「相性が悪い」というのは、打ち解けるのに時間がかかったり、理解し難いと感じたりする人のことです。ですから、「良い相性」と出るからうまくいくかと言うと、馴れ合いの関係に陥ってしまうこともありますし、「悪い相性」と出た人とぶつかり合うことで、殻を破れた。成長できた。後から振り返れば、人生を変える大きなきっかけだったと思えるようなことはよくあります。

このように、相性というのはとらえ方次第で、プラスにもマイナスにもなるのです。かく言う私も、ただなんとなく相性を占っていた頃は良いか悪いかに引っ張られ、人間関係の悩みは尽きませんでした。うまくいき始めたと感じたのは、相手のことを知り、受け入れ、相性を読み解いて活用するようになってからです。

また、相性というのは、双方向に影響しています。**一方的に占うのではなく、「自分からみた相手と、相手からみた自分」を確認し、どうすればお互いにしあわせになれるかを考えるようにしてください。**こうして「相性を読み解いて」いけば、あなたは成長し、より良い人間関係を築いていけるはずです。そして、人生で巡り会う人、すべてに意味があることを実感できるでしょう。

富士タイプ

礼儀正しく
真っすぐで
上品な魂の
持ち主

富士タイプとつきあうなら?

富士タイプはだらしないのが大嫌い。不信感を持った瞬間に心をピシャッと閉じてしまいます。とくに時間やお金にルーズだと、一発で嫌われてしまうので、マナーや規則はきちんと守りましょう。

人づきあいの傾向

富士タイプは、真っすぐで上品な魂の持ち主。礼儀正しく、キレイ好きで、ルールを大切にして、日常生活も、勉強や仕事も丁寧にこなすので、真面目な優等生タイプと言われがち。でも、勉強や仕事ができるからといって、威張ったり自慢したりしないので、誰からも信頼されます。

ただし、少々柔軟性に欠けるところがあります。たとえば、時間やお金にルーズな人、男女関係にだらしない人は、許せないというより理解できません。ルールを逸脱する個性的すぎる人も苦手で、そういう人を無意識にブロックしてしまうので、交友関係は狭いほうといえるでしょう。

基本的には、仕事ができるので上司や同僚に信頼されますが、職場にルールを守らない、いい加減な人がいるとイライラしたり、「融通がきかない」という評価を受けることも。そういうときは、むしろ雑用や人のサポート役を買って出て、自分のペースを守りながら、良い運気が巡ってくるのを待ちましょう。下積みが長く続いても、逃げずに淡々とこなすことで、「人生の師匠」と呼べるような人と巡り会うことができ、人生が徐々に好転していきます。

恋愛においても、富士タイプは非常に恵まれています。そもそも、だらしない人、裏切ったり浮気をするような人に近づかないので、身を焦がすような大恋愛はありませんが、ドロドロの恋愛とも無縁。なぜかお金持ちとの縁があり、玉の輿《こし》に乗る人が多いのも特徴です。最終的には将来性のある人としあわせな恋愛・結婚ができるでしょう。

キメ細やかな気配りができるので、家族にも愛されます。ただ、自分自身がきちんとしているだけに、家族にも自分のやり方を押しつけてしまいがち。おおらかな気持ちで家族と接するよう心がけることで、家族の運気も上がっていきます。

富士×子年

胎生

真面目で礼儀正しい富士タイプは、人からどう思われているのかを気にしがち。それを察して「今のままでいいと思うよ」と自信を与えてくれるのが、富士タイプにとって子《ね》年の人です。一緒にいると前向きになり、新たなことに挑戦する勇気が湧いてきます。視野も自然と広がるでしょう。

恋愛 恋愛に対して慎重な富士タイプに、恋の楽しさを教えてくれます。常に刺激を与えてくれるので、結婚しても新鮮な気持ちが失われません。恋人同士のような関係を維持したまま、円満な家庭を築けるでしょう。

仕事 新しい仕事を始めるときは、ぜひそばにいてほしい人。詳しく説明しなくても理解してくれるので、仕事が効率よく進みます。ただし、気を緩《ゆる》めていると、連絡を忘れるなど、富士タイプらしくないミスをしやすくなるので要注意です。

富士×丑年

童幼

丑《うし》年の人は心の平穏を与えてくれる存在。富士タイプの繊細な部分をわかってくれ、温かい言葉をかけてくれます。ストレスがたまってイライラするときも、一緒にいれば自然と心が落ち着きます。また、お互いの可能性を引き出し合い、一緒に成長していける相性でもあります。

恋愛 派手さはありませんが、丑年の人とは駆け引きなどとは無縁の、ほんわかしたカップルになれます。結婚しても、将来設計や子育てで言い争いになることはほとんどないでしょう。平和で温かい家庭を築けます。

仕事 意見の対立が少なく、同じ目標に向かって一緒に頑張っていけるのが丑年の人です。富士タイプの長所を理解し、可能性を引き出そうとしてくれるありがたい存在で、成長に欠かせない関係性と言えます。大事にしていくといいでしょう。

富士 × 寅年

福寿縁

縁起

石橋を叩いてもなかなか渡らない慎重な富士タイプに、寅《とら》年の人は一歩前に踏み出す勇気やエネルギーを与えてくれる太陽のような存在です。自分の殻を破りたいとき、さらに上を目指したいときは、この相性の人を探してみて。成功やしあわせを手にする良き協力者となってくれるでしょう。

恋愛 きちんと相手を見定めてからおつきあいをする富士タイプですが、寅年の人にはひと目惚れしてしまうことも。相手も富士タイプをすぐに気に入ってしまうので、恋愛に発展する可能性大。この関係は一生ものになります。

仕事 寅年の人は、プライベートにも理解を示した上で、人生の指針を与えてくれる存在。一緒に仕事をすることで、目標や夢に向かって突き進んでいくことができます。心を開いて自分の目標を打ち明け、相談してみましょう。

富士 × 卯年

衰勢

些細《ささい》なことを気にして落ち込んだり、まわりに気を遣って疲れてしまったりする繊細な富士タイプを、やさしく包み込んでくれる肉親のような存在。厳しく意見することもありますが、それも思いやりからのもの。ケンカをして一時的に疎遠《そえん》になったとしても、いつかはわかり合えるでしょう。

恋愛 仕事や人間関係の悩みを聞いてもらっているうちに、恋愛に発展するかもしれません。お互いを思う気持ちが深まるほど意見が対立しやすくなりますが、おなかにためずに話し合うことが大切です。おしどり夫婦になれる相性です。

仕事 真面目な富士タイプを引き立ててくれる良き理解者が卯《う》年の人です。上司や先輩になると、実力を超える難しい仕事や高めの目標を与えられるかもしれませんが、失敗をしても親身になって支えてくれます。

富士×辰年

福寿縁

極楽

交友範囲が狭い富士タイプに、さまざまな人とかかわることの楽しさを教え、新しいステージに導いていく存在です。人づきあいが苦手な富士タイプにとって大きなカルチャーショックとなりますが、新たな人間関係の中でうまくやっていけるよう支え、人生が好転するきっかけをつくります。

恋愛 本来は静かで落ち着いた恋愛を好む富士タイプですが、たくさんの友達に囲まれた賑《にぎ》やかな恋愛を楽しめるようになります。まわりが応援してくれるので、結婚への道もスムーズ。祝福されて結婚し、人が集まる楽しい家庭を築けます。

仕事 富士タイプはひとりでもキッチリ仕事をこなしていきますが、辰《たつ》年の人と一緒に取り組むと、自然と協力者が集まってきて、実力以上の成果を出すことができます。仕事を広げ、人生を大きく好転させるチャンスを得られます。

富士×巳年

餓鬼

富士タイプの人生に新しいエッセンスをくれる存在です。この関係には二面性があり、かかわり方によって最高にも最悪にもなりますが、富士タイプにはない発想力の豊かさを持っているのが巳《み》年の人なので、上手なつきあい方を模索してみましょう。

恋愛 巳年の人との恋愛は、しあわせと不安が混在した複雑なものになりそう。ギクシャクしたときは、本音で話し合ってみましょう。ひとりで考え込まず、明るく前向きなパワーで乗り越えていくのが賢い向き合い方です。

仕事 仕事上では、富士タイプが思いつかないような、突拍子もないアイデアを与えてくれる存在。引き出しを増やすチャンスになりますので、行き詰まったときは、巳年の人の意見を参考にするといいでしょう。

富士×午年

回帰

富士タイプが壁にぶつかって悩んだり、怠けたくなったとき、礼儀正しくて真面目な本来の長所を取り戻し、もう一度輝くために力を貸してくれるのが午年《うま》の人です。親子の場合は反発しあって素直になれないこともありますが、一度離れることで深い愛情を再確認できます。

恋愛 恋愛の相性がよく、お互いの経験や人脈を分かち合うことができます。一度つきあい始めると非常に強い絆が生まれるため、たとえケンカをしても、結局はモトサヤに。最終的に結婚にまで進みやすい相手です。

仕事 富士タイプにできないこと、苦手なことを克服させてくれるのが午年の人。過去にあきらめた案件や学びそこねたことがあるなら、まずは相談してみましょう。現状の問題点をリセットし、新しくスタートする力になってくれます。

富士×未年

福寿縁

天恵

一緒にいると前向きな気持ちになり、富士タイプに良い運気をもたらします。金運を運んできてくれるのも未年《ひつじ》の人。趣味でも、仕事でも、買い物でも、勧めてくれたことを始めると、お金が貯まり始めます。まわりに未年の人がいるなら、積極的にかかわりを持ちましょう。

恋愛 しっかり者で品がある富士タイプは、元来、お金持ちや玉の輿《こし》と縁がありますが、未年の人となら、より金運が高まります。お互いの足りないところを補い合うこともできるので、結婚すれば何不自由のないしあわせな家庭を築けます。

仕事 仕事上でも最強のパートナーになれます。お互いの得意分野を出し合うことで相乗効果が生まれ、大きな成果を出すことができます。周囲から注目されるような大成功に導いてくれる、滅多にない素晴らしい相性です。

富士×申年　老熟

申《さる》年の人は安定した成功へと導いてくれる、とても良い相性です。失敗しても、変わらぬやさしさで富士タイプを支え、良い方向へと引っ張っていってくれます。仕事や趣味、スポーツでもかまいません。何かに力を合わせて取り組むことで、より強い信頼関係を築くことができます。

恋愛 激しく情熱的な恋愛というより、温かく安定した恋愛を味わうことができます。ふたりの関係に水をさすようなトラブルもあまり起きません。意見が激しく対立することもないため、結婚すると穏やかな家庭を築けます。

仕事 先行きが不安な仕事でも、申年の人と一緒なら、安定した成果を出すことができます。うまくいかないことがあるときは、素直に相談してアドバイスをもらいましょう。これまでの努力が報われて、すべてがうまくいき始めるはずです。

富士×酉年　逢魔

人づきあいが苦手な富士タイプに、善くも悪しくも人間関係の本質を教えてくれる人です。ときに振り回されたり、関係が悪くなって裏切られたりすることもあるかもしれません。でも、それによって人間的に一回り大きく成長することができます。冷静に対処していきましょう。

恋愛 酉《とり》年の人を好きになってしまったら、浮気が発覚するなど、予想外のことばかり起きそう。それでもいいと思えるほど深い愛情があれば、最強のカップルになれます。結婚前にお互いを理解する努力をしましょう。

仕事 仕事上では少し距離を置きたくなる相手です。お互いに理解し合えず、意見がぶつかり、仕事がしにくいと感じるかもしれません。でも、そこを乗り越えることで次のステージに進めます。平常心で乗り越えていきましょう。

富士×戌年 空亡

斬新なアイデアを出したり、予想外の出来事を引き起こしたりして、富士タイプの既成概念を次々とくつがえしていく存在です。全く違う価値観、考え方、生き方に衝撃を受けるかもしれませんが、多様な価値観を認めることで、富士タイプの人間としての奥行きが出てくるはずです。

恋愛 どう考えても、戌《いぬ》年の人は富士タイプの好みではありませんが、理解できないからこそ、魅力を感じてハマっていく可能性も。覚悟があればうまくいきますが、消耗しすぎないように注意しましょう。

仕事 一緒に仕事をすると、善くも悪しくも予想もしなかった方向へ進みがち。富士タイプが苦手とする仕事をあっさり終わらせるアドバイスをくれる場合もあれば、これまでの努力が水の泡になることも。柔軟に対処する必要があります。

富士×亥年 未明

富士タイプにとって、次のステージに向かうための問題を明確にし、整理してくれるのが亥《い》年の人。自分に自信が持てず、変わりたいと思っているときは、「こんな方法もある」と示してくれます。また、振り回す人から守ってくれるなど、苦手な人づきあいを整理したりしてくれます。

恋愛 不器用な富士タイプを引っ張っていってくれるので、恋愛関係に発展しやすいのですが、短い関係で終わりがち。ただし、恋人と別れたいときや離婚したいときに相談するには最高の相手。こじれた関係をうまく整理してくれます。

仕事 富士タイプにとって整理屋さんの亥年の人は、一緒に仕事をすれば、無駄をどんどん省いてくれ、効率的に仕事を進められます。さらには、仕事の仕方についても厳しい目でチェックし注意してくれるので、学ぶことも多いはずです。

鶴タイプ

人当たりが
やわらかい、
知的で真面目な
愛されキャラ

鶴タイプとつきあうなら？

実は独占欲がとても強い鶴タイプは、恋人や親友が他の人と仲良くしているだけで不安になってしまいます。人と比べるのもNG。愛情や気持ちは、言葉と態度で「ハッキリ」「マメに」伝えましょう。

人づきあいの傾向

知的で思慮深く、何事にも真面目に、丁寧に取り組む鶴タイプ。一見クールに見えるかもしれませんが、実際につきあってみると人当たりがとてもやわらかく、まわりの人やその時々の状況に合わせて柔軟に対応することができるので、多くの人に愛されます。ただ、基本的には大勢でワイワイやるより、少人数と深くじっくりつきあうほうが好きなので、人間関係を広げすぎるとストレスがたまります。また、とても傷つきやすく、一度傷つくと臆病になってしまうという弱い面もあるため、本当に心を許せる人以外には、無意識に壁をつくってしまうところがあります。

人づきあいは器用にこなしますが、恋に対しては不器用で、いい雰囲気になっても空気が読めず、ギクシャクしてしまうことも。一度心を許すと甘え上手になるので、そのギャップが異性にとってはたまらない魅力となるでしょう。ただし、恋人に対して自分の主張をぶつけすぎる傾向もあります。相手の好みや考えをできるだけ受け入れるよう心がけ、恥ずかしがらずに愛情や優しさを表現するようにすると、うまくいくでしょう。

真面目な鶴タイプは、仕事もできる人。ただ、誰にでもいい顔をすると疲れたり、誤解されたりしやすいので、職場では、まず信頼できる人を見つけましょう。尊敬できる人の下で働く環境を整えると、出世の道につながります。仕事上でも、正論を強く主張する傾向がありますが、「いろいろな価値観の人がいる」と思って、自分の考えばかりを押し通そうとしすぎないようにすることも大切です。

家庭では、家族が面白がってくれるようなアイデアをたくさん出すことが、家庭円満のコツ。誕生日や記念日にサプライズパーティをしたり、家族旅行を企画したりするといいでしょう。

鶴×子年　未明

慎重派の鶴タイプに次々と「変化をもたらす存在」が子《ね》年の人です。鶴タイプにはない発想を持っていて、変わったアイデアを持ちかけてきます。おかげで物事が計画通りに進まず、足を引っ張られてしまうかも。うまく乗り越えれば、考え方や人生を変えるきっかけにもなります。

恋愛 恋愛対象になりにくい相手です。もし、子年の人を好きになってしまったら、振り回されてしまいそう。ひとりで悩まず誰かに相談しましょう。ただし、恋人や配偶者との関係を清算したいときは、子年の人に相談するのがおすすめです。

仕事 仕事に行き詰まっているとき、突破口となるアイデアを与えてくれる相手です。上司や先輩に言いたいことを言えずにいるときも、子年の人に相談すると、ハッキリ言えるようになります。仕事のやり方を変えるきっかけにもなります。

鶴×丑年　胎生

保守的な鶴タイプを、新たな世界や人間関係に導いてくれる存在です。今までにない人脈や新鮮な情報を教えてくれて、視野がパッと広がりそう。新しい世界に飛び込むのを躊躇《ちゅうちょ》しているときも、丑《うし》年の人と一緒なら思い切ってチャレンジできます。お互いの長所を活かし合える相性です。

恋愛 慎重になりすぎて、なかなか新しい恋に飛び込めない鶴タイプが、なぜか積極的になれる相手。丑年の人がうまくリードしてくれるので、結婚への階段もスムーズに上がれそう。互いにチャレンジ精神を発揮して、楽しい家庭をつくれます。

仕事 一緒にチームを組んで仕事に取りかかると、うまくいくことが多そう。丑年の人が多少強引にチームを引っ張っていこうとしても、サポート上手な鶴タイプがいれば大丈夫。両者の良いところが活かされ、仕事がはかどります。

鶴×寅年　童幼

じっくり考える鶴タイプに、行動力を与えてくれる存在です。真逆のタイプですが、お互いの足りない部分をサポートし、支え合いながらどんどん前に進んでいけます。鶴タイプは自分の新しい面を発見できるかも。ただし、調子にのりすぎて本来の自分を見失わないよう気をつけましょう。

恋愛 つきあうことで互いに助け合える相性。視野が広い寅《とら》年の人から学ぶ点も多く、年月を経るほど人間的に成長していけるはず。結婚することで前向きになり、何事にも貪欲にチャレンジしていけるようになります。

仕事 性格も仕事の仕方も違いますが、ライバル意識は芽生えません。同じ目標を持つ仲間として、平和に仕事を進めていけます。考えすぎる傾向がある鶴タイプには、行動力のある非常に頼もしいパートナーになるでしょう。

鶴×卯年　福寿縁　縁起

本当に親しい人にしか心を開かない鶴タイプにとって、数少ない信用できる相手です。同時に、自分にとって本当に必要なことは何かを見極めるきっかけをつくってくれるとても大切な人。一緒にいることで肩の力が抜け、自分の長所を活かすことができます。

恋愛 恋に不器用で、なかなか心をさらけ出すことができない鶴タイプですが、思い切ってこの人の胸に飛び込めば、素直になれるはず。長くつきあっていける相手なので、結婚すると末永くしあわせな家庭を築いていけるでしょう。

仕事 卯《う》年の人が先輩や上司なら、安心。指示に従って取り組むと想像以上の成果を得られます。人脈を広げることもできるでしょう。ただ、要求に応えようと頑張りすぎると、オーバーワークになりがちなので、その点だけは注意して。

鶴×辰年 衰勢

「ケンカするほど仲が良い」相性です。言い争いや意見の食い違いが少なくありませんが、本音をぶつけ合うことで絆が深まっていきます。鶴タイプは言い争いを避ける傾向がありますが、この人だけは別。最初は苦手なタイプと思っても、いずれ本音で話せるようになるでしょう。

恋愛 小さなことでケンカになりやすいものの、お互いに言いたいことを言って気心が知れると、むしろ最高の理解者になれます。価値観や人生観を理解することで、わかり合える関係に。結婚はそれから考えましょう。

仕事 「意見が違う」「やり方が違う」からこそ、自分の知らないことを学び、引き出しを増やしていけます。合わないからと突っぱねたり、拒否したりせず、もっと成長してやるぞ、というつもりで一緒に仕事をすると、得るものは大きいでしょう。

鶴×巳年 福寿縁 極楽

ふたりが一緒にいるだけでまわりから注目され、自然と人脈が広がっていく相性です。もともと注目されるのも、大勢とつきあうのも苦手な鶴タイプですが、巳《み》年の人といるとコミュニケーションが磨かれ、さまざまな可能性が花開きます。どんどん成長していきましょう。

恋愛 鶴タイプの得意なこと・苦手なことをすべてしっかり受け入れてくれるので、恋愛に発展する可能性は大。奥手な鶴タイプの良い面を引き出してくれるので、結婚すれば楽しくしあわせな家庭を築いていけるでしょう。

仕事 ふたりが一緒にいると、人脈と一緒に仕事のチャンスも転がり込んできます。巳年の人を見つけたら、できるだけ一緒に仕事をするようにしましょう。独立して起業する際にも、一緒に組みたい最高のパートナーです。

鶴×午年　餓鬼

一緒にいるとにかく楽しい、遊ぶには最高の相性です。同時に、気が緩みやすい相手でもあります。楽しいからと浮かれすぎていると、真面目で几帳面な鶴タイプにしては珍しいミスやケガをすることも。十分に注意しましょう。自分のペースを守りつつ、楽しむことが大切です。

恋愛 一緒にいると心地が良くてラクなので、恋愛に発展するのは早いかも。でも、結婚となると冷静に考えるべきかもしれません。楽しい経験をして視野を広げてくれる相手ですが、結婚は相手のさまざまな面を理解してからにしましょう。

仕事 ふたりでいると、仕事に集中しにくくなります。仕事が正念場を迎えているときに遊びに誘うなど、仕事においてはマイナス面が目立ってしまいます。忙しいときにはあまり深入りしないほうがいいでしょう。

鶴×未年　回帰

今いるつらい状況から抜け出したいとき、人生を仕切り直したいとき、再起のきっかけを与えてくれる存在です。とくに、人間関係を修復したいときに相談すると、とても頼りになります。この相性の親子は、一度離れることで互いの愛情が深まり、より仲良くなれるでしょう。

恋愛 ふたりでつらいことを乗り越えるなど、さまざまな人生経験を重ねることで絆が深まります。たとえ一度離れてしまっても、復縁する可能性が高いでしょう。一度おつきあいが始まると、長い関係になる可能性大。結婚向きの相性です。

仕事 過去に失敗した案件に再チャレンジしたいとき、とても頼りになる相手です。「もうダメかも…」とネガティブな気分になったり、弱気になっているときに相談すると、勇気が湧き、いい方向へと導いてくれます。

鶴×申年

福寿縁

天恵

お互いの弱点や欠点を補い合い、高め合っていける最高の相性です。一緒にいるだけでも心強く、前向きな気持ちになれるでしょう。また相手にとっても、自分が頼りになる人間だと思えるので、自信も湧いてきます。申《さる》年の人との出逢いが、人生を大きく好転させるきっかけになるでしょう。

恋愛 鶴タイプの良さも弱点も理解した上で、さりげなくフォローしてくれるため、とても心地いい恋愛関係を築けます。互いにサポートし合う相性のため、経済的にも豊かになっていきます。結婚するとお金に困らない人生を送れるでしょう。

仕事 互いに昇進や出世がしやすくなる相性です。仕事がしやすいだけでなく、お金になる仕事、大きな仕事が舞い込むなど、最強のビジネスパートナーです。互いの得意分野を広げていくことで、より大きな成功をつかめるでしょう。

鶴×酉年

老熟

酉《とり》年の人は、地道に、真面目に頑張る姿を見守り、後押ししてくれる大切な存在です。困ったときやトラブルが発生したとき、鶴タイプに合った的確なアドバイスをくれます。ふたりの間に対立やケンカはほとんどありません。いつでも安心してアドバイスを求められる貴重な存在です。

恋愛 ドラマチックな恋愛より、静かで安定した大人の恋愛を求める鶴タイプにとって、理想の相手です。この人と一緒なら、無理せずマイペースに過ごせるはず。結婚すれば、穏やかでしあわせな家庭を築くことができるでしょう。

仕事 鶴タイプは努力を人に見せませんが、それを察した上で、正当に評価してくれます。また、必要な情報を与えてくれるなど、さりげなくサポートしてくれます。おかげで一緒に仕事をすると自由にのびのびと能力を発揮できるでしょう。

鶴×戌年 逢魔

鶴タイプにとって、善くも悪しくも予想外のことをもたらす存在です。刺激的ではありますが、振り回されたり、足を引っ張られたりする可能性もあります。自分とは別の価値観が存在することを受け入れ、慎重に状況を見極めることで、ひと回り大きく成長できる相性です。

恋愛 思いが試される相性です。遊びの恋など考えられない鶴タイプにとって、浮気をされたり、二股をかけられたりと、「まさか」の連続かもしれません。その覚悟があるなら、ぶつかってみましょう。乗り越えることで強い絆になるはずです。

仕事 運命をともにするような大仕事や、新しい仕事のパートナーには不向きな相手です。一緒に仕事をすると、傷ついたり悩んだりすることがあるかもしれませんが、その経験が鶴タイプを強くしてくれるでしょう。

鶴×亥年 空亡

鶴タイプとは全く違う考えを持っているため、とても魅力的に感じられる相性ですが、なぜかふたりのタイミングは合わず、すれ違ってしまうことも。安らぎを得られるような関係ではなく、一緒にいると、予想外のことが起こるかもしれないスリリングな相性です。

恋愛 鶴タイプの好みではありませんが、押しが強く、大胆さに惹かれてしまうかも。受け身のままつきあっていると、どんどんペースを乱されてしまうので、親しい友達に話を聞いてもらうなど、ときどき気持ちをクールダウンさせましょう。

仕事 一緒に仕事をすると、人前に出たり、大勢の人とコミュニケーションしたりと、苦手とする業務ばかりがまわってきますが、逃げずに取り組めば成長できるでしょう。ただし、頑張りすぎは注意。適度にサボる要領の良さも身につけて。

達磨タイプ

子どものような
自由な感性を持つ
明るく陽気な
ムードメーカー

達磨タイプとつきあうなら?

どんどん外に出たい人なので、旅行やイベントに出かけたり、友達を呼んでパーティをしたりと、とにかくふたりの世界に閉じこもらないことです。刺激のない「おうちデート」はタブーです。

人づきあいの傾向

子どものような自由な感性で、いつも楽しいこと、面白いことを探している明るく陽気な人。好奇心が旺盛で、失敗を怖れず、いろいろなことに挑戦します。誰とでもすぐに親しくなり、場を盛り上げるのが上手なムードメーカーです。

交友関係は広いのですが、束縛されることを嫌うので、人とのかかわり方は「浅く・広く」が基本。ひとりでいるのが苦手な寂しがり屋ですが、自分のペースに合わせてくれる人を好むので、深い話ができる友人はそう多くありません。年齢を重ねて人の痛みを知り、相手の気持ちを思いやることができるようになれば、人間としての深みも増していくでしょう。

いつも誰かと一緒にいないと落ち着かないので、恋愛に対して積極的です。ただし、束縛を嫌い、恋愛においても自由で軽やかな関係を好むため、それを理解してくれる相手が現れないと、結婚には至りません。「この人だ！」と思う人を見つけたら、よそ見をしたり迷ったりせず、結婚を前提とした真剣なおつきあいをするほうがいいでしょう。

仕事も、ひとりで黙々と行うタイプのものより、大勢の人とかかわる仕事のほうが得意です。自分よりずっと若い人たちの間に入っても、偉ぶることなく一緒にワイワイ仕事ができるでしょう。楽しい現場をつくる能力は超一流。リーダーの素質もありますが、年上の人に甘えたり、部下に大切な仕事を任せたりすることができるようになれば、仕事の幅がもっと広がります。

注意したいのは、不安やストレス、孤独にとても弱いということ。早めに結婚をして明るく楽しい家庭を持つと、仕事もうまくいきます。家族が悩んでいるときも、冗談を言って明るい気持ちにしてあげられるので、家族みんながのびのびと暮らせる素敵な家庭を築くことができるでしょう。

達磨×子年

福寿縁

縁起

明るくアクティブな達磨のよき理解者であり、互いにエネルギーを与えられる存在です。達磨タイプの才能を最大限に引き出してくれるのも、子《ね》年の人。一緒にいると実力以上の力を発揮できます。何か心配事があるとき、決断する必要があるときに相談すると良い相手です。

恋愛 達磨タイプが明るくつきあえる相手です。この人とならとてもエネルギッシュな濃い恋愛ができ、互いを高め合えるので仕事もプライベートも充実します。結婚しても恋愛関係を長く保っていけるでしょう。

仕事 他の人を圧倒するエネルギーを持つため、職場で浮いてしまうこともある達磨タイプですが、この人と一緒なら、協力し合って仕事を進めていくことができます。とくに仕事を拡大していく上では欠かせないパートナーとなるでしょう。

達磨×丑年

衰勢

一緒にいるとエネルギーが高まり、ともに切磋《せっさ》琢磨《たくま》していける存在です。意見がぶつかりやすく、些細《ささい》なことが大きなトラブルに発展する可能性もありますが、それを乗り越えることで、より強い信頼関係で結ばれていきます。相手の立場を思いやることで互いに成長できるでしょう。

恋愛 恋人同士になって愛情が深まれば深まるほど、ぶつかり合ってしまいます。「もう無理」と思ってしまう瞬間が何度もくるかもしれません。ケンカが絶えないことを覚悟した上で結婚すれば、おしどり夫婦になれるでしょう。

仕事 同じチームで仕事をしていても、競い合わずにはいられない相性です。おかげで実力以上の力を発揮できますが、まわりは常にヒヤヒヤ。価値観の違いを認め合うことで、互いに成長し、仕事の幅も広がっていくでしょう。

達磨×寅年

福寿縁

極楽

周囲の人にも運にも恵まれる相性。互いに力を与え合うことで、ムードメーカー的な存在である達磨タイプの良さを、実力以上に存分に発揮できます。周囲から熱い注目を集めるだけでなく、まわりの人にも良い影響を与え、すべてが良い方向へ向かって動き出します。

恋愛 ふたりがつきあえば、互いの友人や家族みんなが仲良くなり、とても円満な恋愛ができます。ふたりの恋愛は、自分たちだけでなく、まわりの人もしあわせにするため、結婚すれば多くの人に祝福され、しあわせな人生を送れるでしょう。

仕事 もともと広い交友関係がさらに広がり、その人脈から得られる情報で、仕事が順調にまわり始めます。ふたりで力を合わせ、これまで以上にまわりの人を大切にすることで、仕事も人生も成功に向かって好転していきます。

達磨×卯年

餓鬼

自由で気楽なつきあいができる、達磨タイプにとって、一緒にはしゃぐ「遊び相手」としては最高の相性です。ただし、遊び以外の相性はあまり良くありません。ちょっとしたきっかけでケンカになったり、深刻なトラブルが発生したりする可能性も。慎重におつきあいしましょう。

恋愛 刺激的で、気楽な恋を楽しめる相手です。結婚を前提としない遊びの関係や、一夜の恋になりやすいので、あらかじめ適度な距離感を保っておつきあいするのがベスト。結婚を望むなら、改めてよく話し合ったほうがよいでしょう。

仕事 善くも悪しくもラクな気持ちで仕事ができる相性です。自由にのびのびと仕事ができる反面、気が緩みすぎてミスを連発する可能性も。スケジュールやルールをしっかり守り、まわりの信頼を失わないように気をつけましょう。

達磨×辰年

回帰

大事なことを思い出させてくれる存在です。忘れかけていた夢を思い出して再挑戦する気になったり、あきらめていた仕事のチャンスが巡ってくるかも。辰《たつ》年の人と一緒なら、それらがうまくいく可能性があります。どうせ無理と簡単にあきらめず、チャレンジしてみましょう。

恋愛 子どもの頃のような純粋な恋心を思い出させてくれる相手です。心が温かくなるような恋愛ができそう。一度は別れたとしても、再会して復縁しやすい相性です。結果的に長いおつきあいになるので、結婚にも向いています。

仕事 辰年の人と一緒なら、本来やるべき業務や案件に再挑戦し、しっかり進めていけます。新人だった頃の気持ちを思い出し、新たな気持ちで仕事に取り組めそう。あきらめていた案件を成功させたいときも、この人に相談してみましょう。

達磨×巳年

福寿縁

天恵

達磨タイプの金運やスキルを上げてくれる相性です。頑張っているのにお金には縁がない、なかなかスキルアップできないというときは、巳《み》年の人がまわりにいないか探してみて。ただし、金銭的なつながりだけになってしまうと危険です。心のつながりを大切に。

恋愛 一緒にいると、なぜか次々といいことが起こる、素晴らしい相性です。結婚すると収入も増えて、お金に困らない人生を送れそう。一緒に楽しめる趣味を見つけるなどしてしっかり絆を深め、幸運を逃さないようにしましょう。

仕事 協力して仕事に取り組むことで、大きな成功をつかむことができる相性です。職場に巳年の人がいるなら、ぜひチームを組みましょう。投資のパートナーとしても最適。今すぐではなくても、大きな利益につながる可能性があります。

達磨×午年　老熟

マイペースで積み上げてきた努力や苦労が報われ、生活や心に余裕をもたらしてくれる相性です。達磨タイプのことを引き立ててくれますから、ぜひ公私ともに仲良くして絆を深めていきましょう。どんなときも物心両面から支えてくれる、生涯大切にしていきたい存在になるでしょう。

恋愛 誰からも束縛されず、マイペースで生きていきたい達磨タイプを理解し、自由にさせてくれる相手です。適度な距離感で交際できるため、息苦しさやストレスを感じず、長くつきあっていけます。結婚相手としても良い相性です。

仕事 一緒に仕事をすると、心にゆとりが生まれ、時間や職場のルールに縛られることなく、達磨タイプの好奇心やチャレンジ精神を存分に発揮できるようになります。いい仕事をし、成果を出すために欠かせない人といえるでしょう。

達磨×未年　逢魔

一緒にいると、「頑張っているのに、なぜか裏目に出てしまう」ということが増えるかもしれませんが、その原因を考えることで気づくことも多く、人間的にひと回り大きく成長するきっかけを与えてくれる相性です。地位や立場の違いを超えて、絆を深めることができるでしょう。

恋愛 達磨タイプとは異なる価値観を持っているため、刺激的な恋愛になりそう。ただし、束縛されるのが苦手な達磨タイプは、次第に窮屈さを感じるようになる可能性も。急接近するのではなく、少しずつ距離を縮めていくとよいでしょう。

仕事 自由でマイペースな達磨タイプにとっては、常識やルールについて口うるさく注意してくる、ちょっと面倒な存在ですが、考え方の違いを認め合うことができれば、よりハイレベルな仕事を成し遂げられるでしょう。

達磨×申年 空亡

意見が食い違うことが多いため、避けたほうが無難に思えますが、うまくつきあうよう努力することで成長させてくれる相手です。隠し事をされたとケンカになるなど、小さな誤解が大きなトラブルに発展しやすいので、必要な情報はきちんと共有して賢く対処しましょう。

恋愛 ドラマチックなことが起こりやすい相性です。一緒にいると、刺激的な体験や思い出深い経験ができるので惹かれるでしょう。ただ、長くつきあっていくと、考えの違いが出て、ケンカになってしまうことも。思いやりを忘れずに。

仕事 考え方も価値観も違うだけに、面白い企画が生まれるかもしれませんが、裏目に出てしまう可能性もおおいにあります。とくに新しい提案をすると激しくぶつかり合う相性です。一定の距離を保ち、上手につきあっていきましょう。

達磨×酉年 未明

達磨タイプに何らかの刺激をもたらしてくれる相手です。何を考えているのか、よくわからないけれど、ときには素晴らしいインスピレーションを与えてくれます。むやみに反発したり、無視したりせず、「こんな価値観もあるんだな」というフラットな気持ちでつきあっていきましょう。

恋愛 いつもは相手を振り回してしまう達磨タイプが、振り回される相手です。恋のペースは、完全に酉《とり》年の人が握っているため、別れるとしたら、その決断をするのは相手のほう。達磨タイプの不要な人間関係を清算する役割も果たします。

仕事 達磨タイプが酉年の人と仕事をすると、善くも悪しくも人間関係がガラリと変わりやすくなります。新しい人間関係によって、仕事のステージがぐっと引き上げられることも。逆の結果にならないよう、慎重に状況を見極めていきましょう。

達磨×戌年　胎生

達磨タイプの好奇心やチャレンジ精神、行動力を認め、後押ししてくれる人です。一緒にいると新しい発見や経験がたくさんでき、ワクワクするような楽しい時間を過ごせるでしょう。「こんなに自由にやっていて大丈夫かな?」と迷うときも、この人に相談すれば勇気が湧いてくるでしょう。

恋愛 恋人がいても自由に行動できる時間がないとストレスがたまってしまう達磨タイプですが、戌《いぬ》年の人が恋人ならノーストレス。一緒に行動したり、チャレンジしたりするほうが楽しいので、常に一緒にいても飽きるということがありません。

仕事 ひとりで盛り上がりすぎて、職場で浮いてしまうこともある達磨タイプを、うまくサポートしていい方向に導いてくれます。違った観点から優れたアドバイスをしてくれるので、新しい仕事や事業を始めるときにも頼れる相手です。

達磨×亥年　童幼

たとえ意見が違っても、ポジティブに意見交換できて、ケンカになるということがありません。むしろ、達磨タイプを刺激し、可能性を広げてくれる存在です。自分自身ですら気づいていなかった新しい才能を引き出し、開花させてくれるのも、亥《い》年の人。楽しく成長させてくれる相性です。

恋愛 一緒にいると明るい気分になり、次々といいアイデアが湧いてきます。ケンカになることはほとんどなく、倦怠期もありません。結婚すれば、常に新しいことにチャレンジできる素敵な夫婦になるでしょう。

仕事 挑戦したいことに自信を持って取り組める相性です。この人と一緒なら、新しい仕事に取り組むときも、不安より期待感のほうが大きく、なぜか失敗する気がしません。どんどん新しいことにチャレンジし、仕事を広げていけます。

亀タイプ

頭の回転が速く、
交友関係が広い
チャーミングな
自由人

亀タイプとつきあうなら？

束縛すると逃げ出したくなるタイプなので、自由にさせてあげるのが一番です。また、人脈が広い人に魅力を感じるので、友人や仲間を紹介してオープンなおつきあいを心がけましょう。

人づきあいの傾向

おっとりしているようで頭の回転が速く、しなやかな感性を持っている人。マイペースな楽観主義者です。「自分は自分、人は人」と割り切って考えられるので、「おひとりさま」でも十分楽しくやれますが、人との距離の取り方がうまいので、交友関係が非常に広く、誰とでもうまくやっていけます。ユーモアのセンスもあり、言動にイヤミがないので敵をつくりません。目上の人や力のある大物にも可愛がられるでしょう。

また、何をするときも軽やかで楽しそうに見えますが、実はかなりの努力家で、細かな気遣いもできる人です。そう見えないように人知れず頑張っているので、ときどきドーッと疲れてひとりになりたくなることも。予定をギッシリ詰め込みすぎる傾向があるので、あまり無理せず、誰かに頼ることを覚えると、もっとラクになれるでしょう。

恋愛に関してもマイペースで、束縛を嫌います。恋愛そのものに対する理想が高いので、ひと目惚れはあまりしません。何度も会っているうちに好きになっていくタイプです。距離が近づいていくと、つい相手に余計なひと言を言ってしまうことがあるかもしれませんが、バランス感覚に優れているので、あまり深刻なケンカにはなりません。結婚しても自由な生き方を望むので、家族ひとりひとりが気ままに暮らせるような、型にはまらない環境を自らつくります。仕事と家庭、自分の趣味などを同時進行で器用にこなすので、家族からも感謝され、楽しい家庭を築けるでしょう。

社会に出ることで花開くタイプなので、仕事の現場にいるほうが自分らしくいられて楽しいと感じるはず。人づきあいを楽しみながら働くと、良いポジションに立てます。リーダーとしての才能もあります。本人が望まなくても、年齢を重ねるごとに高いステージに上がっていけるでしょう。

亀×子年　童幼

亀タイプの中にある積極性を引き出してくれる相性です。この人と一緒にいると不思議と意欲が湧き、チャレンジする勇気が出てくるでしょう。しかも、「人は人」と割り切る亀タイプには珍しく、成果や勝利への意識が強まり、ワンランク上の人生を切り拓くきっかけになるでしょう。

恋愛 この人との恋愛は、ただしあわせを味わえるだけでなく、恋愛偏差値を上げることにつながります。お互いの背中を押し合うので、それぞれの魅力がアップ。相手のことをもっと深く知りたくなり、結婚後も刺激し合う夫婦になるでしょう。

仕事 仕事上でも刺激し合える良いパートナーになれます。子年の人と一緒なら、どんなに高い目標を掲げても「なんとかなる」と思えるから不思議。能力を磨き合うことで、着実に結果を出していけるでしょう。

亀×丑年　福寿縁　縁起

マイペースな亀タイプを正当に理解し、協力を惜しまない存在。おかげで周囲との協調性や決断力に磨きがかかり、有力な人脈が増えていきます。低迷しているときに出会うとパワーを得ることができ、大逆転を狙えるでしょう。人生を大きく好転させるきっかけになる相性です。

恋愛 大恋愛になり得る相性。ふだんより積極的になり、周囲を巻き込んでますます盛り上がっていきます。まわりの人が何かと応援し、助けてくれるので、結婚に発展しやすく、結婚後も絆が強い安定した家庭を築いていけるでしょう。

仕事 一緒にいるとどんどん人脈が広がり、仕事が増えていく相性です。良好な人間関係をつくるのが得意な亀タイプの良さがさらにバージョンアップし、自分史上最高の仕事ができそう。出世を望むならぜひ一緒に仕事をしたい相手です。

亀×寅年

衰勢

気まずい思いをしたり、ケンカをしたりと、トラブルも生じますが、それだけフランクなつきあいのできる相性です。ストレスを発散できるようなスポーツや趣味を一緒にするといいでしょう。また、相手が傷つくようなことを言いすぎないようにすることも大切です。

恋愛 恋愛に対する考え方が違うため、お互いに不満がたまってイライラしたり、ぶつかったりしますが、ふたりの波長は合っている「喧嘩するほど仲が良い」相性です。歩み寄る姿勢を見せることで、うまく続いていくでしょう。

仕事 人間関係のトラブルが少ない亀タイプにとって、何かとぶつかることの多い貴重な相性です。亀タイプとは異なる考え方やアイデアを持っている人ですから、うまくつきあえるようになると仕事の幅が広がるでしょう。

亀×卯年

福寿縁

極楽

成功につながるアイデアやヒントをくれ、ともに華々しい成果を残せる相性です。一緒に成功へと向かうレールに乗ることができる相手なので、この人と出会えたら、語り合う時間をできるだけ増やすといいでしょう。亀タイプが大きく飛躍するきっかけをつくってくれる人です。

恋愛 キラキラ輝くような素敵な恋愛ができる相性です。お互いの友人や家族を紹介し合うと、みんなで楽しい時間を過ごすことができます。結婚すると、周囲からのサポートを受けることができ、しあわせな家庭を築けるでしょう。

仕事 一緒にいることで成功する仕事が増えていく相性です。卯《う》年の人が身近にいると、ビジネスチャンスが広がることが多いので、チームを組んで仕事をするようにしましょう。お互いに助言し合うことで、出世や昇給への道筋が見えてきます。

亀×辰年　餓鬼

辰《たつ》年の人と一緒だと不思議と肩の力が抜けて、ラクな気持ちになれます。ただ、居心地が良すぎるあまり本来やるべきことを見失ったり、うっかりミスが増えたりしやすい相性でもあるので、いつもベッタリ一緒にいるのではなく、たまに会う程度にしておくほうが良いかもしれません。

恋愛 楽しい恋愛ができますが、一緒にいるとラクなほうへ、ラクなほうへと流されてしまう傾向があります。遊びの恋愛をするには最高の相手ですが、一夜の関係で終わる可能性もあります。将来を考えるなら慎重につきあいましょう。

仕事 息抜きやリラックスをさせてくれる相手です。しかし、深入りすると仕事をサボったり、面倒なことを避けたりするようになってしまい、亀タイプの持ち前の良さを発揮できません。オンとオフで気持ちをしっかり切り替えましょう。

亀×巳年　回帰

最初はピンとこないかもしれませんが、長くつきあっていくと徐々に良さがわかってくる相性です。過去の出来事や人間関係を思い出させてくれ、亀タイプが間違った方向へ向かっているときに軌道修正をしてくれるので、ぜひ長くおつきあいをして絆を深めていきましょう。

恋愛 第一印象はあまり良くないかもしれませんが、会う回数が増えるとだんだん好意が芽生えてくる相手です。「全然タイプじゃない」のに、じんわりと巳《み》年の人の良さがわかってきます。結婚すると、穏やかで安定した家庭を築けます。

仕事 亀タイプとは違った視点でアイデアや疑問点を提示し、軌道修正してくれる存在です。最初は煙たい存在だと思うかもしれませんが、困ったときにも頼りになるので、ぜひ親しくして味方にしておきたい人です。

亀×午年

福寿縁

天恵

努力が実り、金運につながる素晴らしい相性です。かかわりが増えれば増えるほど経済的に恵まれ、豊かになっていきます。また、その過程でさまざまな幸運が巡ってくるでしょう。ただし、お金に目がくらむと破綻します。心のつながりを大切にしましょう。

恋愛 この人との恋愛は、まるでシンデレラストーリー。急に金銭的に恵まれるようになったり、素敵な人脈ができたりと、亀タイプの生活を一変させる可能性を秘めています。結婚すれば将来は安泰。出会えたら、絶対に逃がしたくない相手です。

仕事 思わぬチャンスに恵まれたり、仕事で大成功したりと、仕事がどんどん好転していく相性です。こういう人とチームを組めたらラッキー。仕事だけでなくプライベートでも親しくすることで、より多くの幸運に恵まれるでしょう。

亀×未年

老熟

亀タイプをサポートしてくれる存在。お互いを引き立て合い、アドバイスをし合うことで、どんどん絆が深まっていきます。厳しいことを言われてもあまり腹が立たず、むしろ感謝の気持ちが湧きやすい相手です。生きる指針を与えてくれることもあるので、大切にしましょう。

恋愛 お互いの欠点を受け入れることができる相性なので、恋愛をしてもうまくいきます。お互いの弱いところを補い、支え合うことで、なくてはならない存在になっていくでしょう。結婚しても一緒に考えながら良い家庭をつくっていけます。

仕事 たとえミスをしてもフォローし合うことができる良い相性です。亀タイプがリーダーシップをとり、相手がフォローするという状況でより良い結果を得られるでしょう。こういう人が部下にひとりいると、仕事がしやすいでしょう。

亀×申年 逢魔

一緒にいると予想外の出来事が起こる相性です。うまくいっていたと思っていても突如裏切られたと感じたり、なんとなく噛《か》み合わずにストレスを感じたりと、人間関係の複雑さや、自身の未熟さを教えてくれる相手です。距離を保っておつきあいしたほうが無難な相手です。

恋愛 最初はよくても、長く一緒にいると疲れてしまうかも。亀タイプがラクをしてしあわせになれる恋愛ではないので、その覚悟があるか、きちんと自分の気持ちを確認しましょう。無理してつきあうのはダメ。結婚は慎重に考えましょう。

仕事 突然抜け駆けされたと思ったり、裏切られたと感じたりと、亀タイプを茫然《ぼうぜん》とさせるようなことが起こりやすい相性です。同じチームで仕事をするなら、自分に甘いところがないか緊張感を持って対応するようにしましょう。

亀×酉年 空亡

とんでもない幸運が舞い込むか、全くの裏目に出るか、一緒にいると何事も両極端の結果になって現れる、ジェットコースターのような相性です。注意しておかないと、大切にしているものを失ったり、長くつきあうと疲れてしまったりするかもしれません。

恋愛 恋愛においても予測不可能、予想外のことが起きやすい相性です。意気投合して大恋愛になったとしても、次第に相手の悪いところが目につき始めるかも。まわりの信頼できる人に、意見を聞いてみると良いでしょう。

仕事 仕事上では、善くも悪しくもこれまでの状態がリセットされる相性です。積み上げてきたものをすべて失うかもしれませんが、失敗を清算してゼロからやり直せる可能性もあります。出逢いのタイミングで明暗が分かれるでしょう。

亀×戌年　未明

何かをキッパリ捨てて出直すことになる相性です。人間関係が刷新されたり、新しい仕事を始めたりするかもしれませんが、そのために、これまでの人間関係を失うなど、積み上げてきた努力が水の泡になるかもしれません。痛みを伴いますが、根本的に変われる機会をくれる人です。

恋愛 良かれと思ってしたことが原因でフラれたり、うまく気持ちを伝えられずにもどかしさを感じたり、これまでの亀タイプの恋愛観を大きく変える相性です。過去の自分や人間関係をリセットすることで進展しますが、慎重に見極めを。

仕事 目先の利益を求めずに基礎固めをすることになる相性です。初心にかえって自分の夢や目標を見つめ直すことになるので、戌年《いぬ》の人といると、自分がやるべきことや、社会に貢献できることが自ずと見えてくるでしょう。

亀×亥年　胎生

一緒にいると、明るく活気に満ちたエネルギーが湧いてきます。視野が広がったり、好奇心やチャレンジ精神が旺盛になったりしそう。もともとじっとしているのが苦手な亀タイプには、とても心地いい存在です。楽しいこと、ワクワクすることをどんどん始めましょう。

恋愛 イキイキとしたしあわせな時間を過ごせる相手です。ひとりでフラリと旅に出るのが好きな亀タイプも、亥年の人と一緒なら面倒な気遣いなどせず、思いっきり楽しめます。結婚しても視野が広がるような刺激をたくさんくれる人です。

仕事 転職の相談やサポートをしてもらうのに最適な相性です。今までとは違う視点でアドバイスしてくれるので、新鮮な気持ちで人生を見直すことができます。亀タイプの知らない世界を教えてくれ、思い切って飛び出す勇気をくれるでしょう。

炎のような
情熱を秘めた
ひたむきで
温かい人

龍タイプとつきあうなら？

強い信念を持っている人なので、言葉が厳しくなるときがありますが、敬意を持って接しましょう。また、放っておかれるといじけやすいので、迷惑がられてもマメに連絡を。

人づきあいの傾向

龍タイプは、もの静かに見えても、胸の内に熱い情熱を秘めている人です。自分で「これ!」と決めたことには一直線で、ひたむきにコツコツと努力を積み重ね、必ず結果を出していきます。目標に向かって力強く駆け上がっていく姿は、まさに〝龍〟。一切妥協をしない頑固さがあるため、取っつきにくいと思われがちですが、血の通った温かい心の持ち主です。

ただ、人づきあいはあまり得意ではありません。独自の世界観を持っていて、人に調子よく合わせることができないので、合わない人と一緒にいるよりは、ひとりのほうがラクなタイプ。一部の気の合う人たちとは、年齢や職業を超えて末永く親しくつきあっていきます。

恋愛に関しても不器用で、ゆっくりと進めていきたいタイプです。そのため、ガードが固いと思われがちですが、好きになった人にはとことん一途に尽くします。気をつけたいのは、一度好きになると、思い込みから勘違いをして相手を困惑させたり、別れた後も過去の恋に執着したりと、盲目的になりやすいところ。親しい人に話を聞いてもらうなどして、自分の気持ちを上手にコントロールできる術を身につけましょう。

仕事においても、「この仕事が好き」と思えば、我慢強く取り組んで成果を上げていくため、着実に信頼を勝ち取り、出世していくことができます。社会貢献度の高い仕事であれば、多くの人をしあわせにできるでしょう。説明をするのが苦手なところがありますが、マネージャー的な人がそばにいると、より仕事がしやすくなるでしょう。

家庭では、自分のルールを押しつけやすいところもありますが、根が温かく家族をしあわせにしたいという気持ちが強いので、最終的には家族みんなに感謝されるでしょう。

龍×子年

福寿縁

極楽

龍タイプにとって、人とかかわることの楽しさを教えてくれる存在。一緒にいることで、お互いを成功に導き合う素晴らしい相性です。もともと派手な交友関係を好まない龍タイプですが、子年《ね》の人と一緒だと、周囲から注目されるような華やかなおつきあいを楽しめるでしょう。

恋愛 恋愛に奥手な龍タイプをさりげなくリードし、うっとりするような恋愛の王道を楽しませてくれる相手です。また、人との接し方もうまくなり、人間的にも成長することができるでしょう。結婚することで人生が大きく拓けます。

仕事 地道にコツコツと積み上げてきた努力が、実りやすい相性です。一緒にいると、つらく苦しいことでも頑張れます。今まであきらめずに頑張ってきて良かったと思えるような成功へと導いてくれるでしょう。

龍×丑年

餓鬼

いつも全力で頑張る龍タイプの気持ちをふっと軽くしてくれる存在。かたくなな龍タイプの心を溶かし、息を抜いたり遊んだりすることの楽しさを教えてくれます。龍タイプが本来持つ楽しくて可愛い側面を引き出してくれますが、油断してミスをしやすくなるので注意しましょう。

恋愛 一途な龍タイプとは対照的な、軽い恋愛を好む人です。遊びの恋と割り切ることができればいいのですが、龍タイプはそれを許さないかも。もてあそばれて終わる可能性もあります。一度、冷静に自分の気持ちを確かめましょう。

仕事 ひたすら目標に向かって突き進む龍タイプに、遊び心のある仕事の仕方を教えてくれる存在が丑年《うし》の人です。味わったことのない仕事の面白さを知り、ユニークな化学反応が起こる可能性もあります。

龍×寅年

回帰

一途に頑張りすぎて凝り固まった考えを、ほぐしてくれる存在です。停滞していたことが動き出すような、いいエネルギーを与えてくれます。また、過去に出会った人や経験したことを思い出させたり、本来の良さを引き出すように導いてくれ、生きる指針を与えてくれます。

恋愛 龍タイプの心を和ませてくれる温かい恋愛ができます。一度好きになると、別れた後も忘れられずに苦しむような恋愛をしがちな龍タイプですが、寅年《とら》の人とは別れても再び結ばれるなど、縁が続きやすい相性です。結婚にもいい相手です。

仕事 寅年の人と一緒だと、行き詰まっていた案件が動き出すなど、仕事がスムーズに進み始めます。煮詰まったときに相談する相手としても最適。猪突猛進しやすい龍タイプにとって、素晴らしいビジネスパートナーです。

龍×卯年

福寿縁

天恵

出世運や金運をアップさせてくれる相性です。今よりもっと出世したい、金運に恵まれたいと思うなら、まわりに卯《う》年の人がいないか探してみましょう。一緒に過ごす時間をなるべく多くつくり、前向きに語り合うことで、さまざまな幸運のヒントを見つけられるはずです。

恋愛 「運命の人」と言っていいほど、人生を大きく好転させてくれる、素晴らしい相性です。もともと龍タイプは経済感覚に優れていますが、結婚して夫婦で投資や資産運用を始めると、経済的にも充実した人生を送れます。

仕事 卯年の人と一緒にいると、龍タイプの能力が最大限に活かされ、大きな成果に結びついていきます。周囲にも認められるようになり、地位や名誉を得るなど、社会的な成功を収めることができるでしょう。

龍×辰年　老熟

お互いを理解し合い、引き立て合うことができる相手です。一緒にいるだけで充実感を得ることができ、長くつきあうことでどんどん絆も深まっていきます。ふたりで協力し合えば、公私ともにより多くの実りを得られます。どんなときも味方でいてくれる存在です。

恋愛 長時間ふたりきりでも、充実した時間を過ごせる相性です。辰《たつ》年の人となら、穏やかで安定したしあわせを手に入れることができるでしょう。結婚すれば、人生の荒波にさらされても、励まし合い、支え合って乗り越えていくことができます。

仕事 一緒にいることで相乗効果を期待できる相性です。お互いの足りない部分を補い合うことができるので、日頃から密に情報を共有するよう心がけておけば、仕事がスムーズに運びます。周囲からの評価も高まり、人脈も広がるでしょう。

龍×巳年　逢魔

龍タイプにとって「かかわりにくい」「苦手」と感じる言動が多く、話がうまく嚙《か》み合わないかもしれませんが、互いに理解しようと努めることで強い絆が生まれる相性です。一緒にいると気苦労は少なくありませんが、相手を温かく見守りながら接することで得ることも多いでしょう。

恋愛 互いの気持ちがうまく伝わらず、苦労するかもしれませんが、龍タイプの持ち前の根気強さでつきあっていけば、絆が強まるでしょう。たとえ短い恋に終わったとしても、恋することの喜びや苦しみを知ることができるはずです。

仕事 仕事がやりにくいと感じたり、歩み寄ろうとしても裏目に出たりする、一緒に仕事をするにはなかなか厄介な相手ですが、互いの良い部分を活かして仕事をする努力や工夫をすることで、仕事のスキルが上がります。

龍×午年　空亡

考え方や言動も含め、すべてが龍タイプの概念をくつがえすような存在です。迷惑だと感じるなど、マイナス面が目につくことが多いかもしれませんが、すでに起こってしまったことにとらわれず、いったんすべてをリセットして、そこから新しい関係を模索していくといいでしょう。

恋愛 恋愛のイメージを根底からくつがえしてしまうような刺激的な相手です。ヒリヒリした恋愛を求めているときに出会うと、一気に好きになって溺れてしまうかもしれません。一筋縄ではいかない人ですから、結婚は慎重に。

仕事 善くも悪しくも、龍タイプの真っすぐで強い意志を揺さぶるような相手です。一緒に仕事をしたり、かかわったりすることで、これまでに思いもよらなかったような考えや気持ちに気づけるかもしれません。

龍×未年　未明

未年《ひつじ》の人と出会うと、善くも悪しくも環境がガラリと変わってしまうことがあります。今まで知らなかった世界への扉が開かれるかもしれません。龍タイプにとって必要なものとそうでないものを明確に教えてくれるので、慎重につきあえば、いろんなことがすっきりするでしょう。

恋愛 つきあうことで、自分からはかかわることがなかったような人たちと知り合うことができるでしょう。人づきあいがあまり得意でない龍タイプにとってはつらいかもしれませんが、そこを克服すれば、恋愛上手になれるはずです。

仕事 長い時間をかけて積み上げてきたことが一気に水の泡になるなど、とんでもない展開が起こってしまう相性です。未年の人が上司や同僚にいる場合は、危険な予兆を見逃さないようにしましょう。

龍×申年　胎生

龍タイプの奥底に眠っていたチャレンジ精神を呼び起こしてくれる存在です。申《さる》年の人と一緒だと、視野が広がり、経験したことがないことにも、臆さず、意欲的に取り組めるようになるでしょう。何か新しいことを始めるときには、最高のパートナーになってくれます。

恋愛 龍タイプは環境の変化に弱いところがありますが、申年の人と一緒だと不思議と何か新しいことにチャレンジしたくなります。また、そんな龍タイプをやさしくサポートしてくれるので、とても刺激的な恋愛ができるでしょう。

仕事 新しい仕事にチャレンジしたいなら、ぜひ申年の人と組みましょう。お互いの能力を高めて最高のスタートを切ることができます。また、龍タイプの粘り強さが役に立つという実感を得ることができ、大きな自信にもつながります。

龍×酉年　童幼

一緒にいると穏やかな気持ちになれる相手です。自信を失いかけているときも、酉《とり》年の人と話していると心が落ち着き、前向きな気持ちになれます。また、龍タイプがもともと持っている長所を引き出し、可能性を広げてくれます。互いにどんどん成長できる、大切な相手となるでしょう。

恋愛 お互いに一途な愛を育める相手です。酉年の人となら、いさかいの少ない、穏やかで安定した恋愛ができるでしょう。波風を立てずにお互いの背中を押すことができるので、結婚すると円満な家庭を築けるでしょう。

仕事 より高い目標を達成するきっかけを与え、龍タイプの可能性を広げてくれる存在です。仕事が停滞しているときや、何か新しい突破口が欲しいときは、酉年の人に積極的に相談してアドバイスをもらいましょう。

龍×戌年

福寿縁

縁起

何かを決断しなければならないとき、迷いが生じたときに親身になって接してくれ、力強く背中を押してくれる存在。特定の気が合う人としかつきあわない龍タイプにとって、数少ない心を許せる相手です。戌《いぬ》年の人と出会うことで自信を持つことができ、人生が豊かなものになっていきます。

恋愛 恋愛の醍醐味を教えてくれる相性です。積極的にアプローチし、いろいろなところに連れ出してくれるので、少し忙しい恋愛になるかも。結婚後も常に愛されていると実感させてくれます。一緒にしあわせな家庭を築いていけるでしょう。

仕事 龍タイプが仕事の悩みを抱えているとき、解決の糸口をズバリと出してくれる相手です。おかげでやる気がどんどん湧いてきて、仕事も順調に進みます。また、この人の役に立とうと努力することで、仕事のチャンスが巡ってきます。

龍×亥年

衰勢

切磋琢磨していける相性です。ぶつかってトラブルになることもありますが、たとえ意見が違っても、お互いに努力すれば前向きに協力し合っていけると実感することができるでしょう。人間関係の奥深さや人とのつきあい方を教えてくれる相手でもあります。

恋愛 やさしく包み込まれるような安心感や幸福感をくれる恋愛の相手です。ただし、甘えすぎたり、依存しすぎたりすると、龍タイプの良さが失われてしまうかも。結婚を前提におつきあいをするときは、周囲の意見も聞いてみましょう。

仕事 仕事上では、なぜかコミュニケーションがうまくとれず、トラブルになりやすいので、報告・連絡・相談をこまめにするようにしましょう。互いの状況や真意をその都度確かめ合うことで、仕事の良いパートナーになっていけます。

狛犬タイプ

まわりに
左右されず
我が道をいく
努力の人

狛犬タイプとつきあうなら？

責任感が強く、人が見ていないところでコツコツ努力する「縁の下の力持ち的存在」なので、そこをきちんと評価し、感謝の気持ちを言葉で伝えましょう。誠実に接することで愛が深まります。

人づきあいの傾向

狛犬タイプは「自分軸」をしっかり持っている人です。強い信念を持っていて、まわりに左右されずに我が道をいきます。やや頑固なところもありますが、決して人の話に耳を貸さないタイプではありません。むしろ、人に何か意見を言われると、真剣にそのことについて考え、悪いところがあれば直そうと一生懸命に努力します。また、疑問や気になることがあると、放置できず、とことん突き詰めて考えようとします。

何事も相手の立場に立って考えようとする誠実な性格ですが、自分がどう思われているか気にしすぎてしまうので、集団行動よりも単独行動をするほうが気楽に過ごせます。初対面で打ち解けるのが難しいタイプですが、いったん親しくなった人のことは生涯大切にしていきます。交友関係を無理に広げようとするより、数は少なくても親友と呼べる人をつくることで、人生が充実し、好転していくでしょう。

恋愛においては、好きになるまでに時間がかかるタイプですが、一度好きになったら一途に愛情を注いでいきます。ただ、別れた後もその人のことが忘れられず、自分がいけなかったのではないかと、ずっと気にしてしまうところがあります。いつかたったひとりの誰かをしあわせにするためにも、早めに気持ちをリセットして、次の恋に進み、恋愛経験を積んでいきましょう。

責任感が強いので、仕事ではとても信頼されます。話すのが少々苦手なところがありますが、メールや書類などに書き起こして文字で伝えることで、狛犬タイプの考えを理解してもらえます。また、自分が生真面目な分、まわりにもそれを求めようとするところがあります。もっと肩の力を抜いて仕事をするよう心がけることで、順調に出世していけるでしょう。

狛犬×子年

衰勢

　狛犬タイプの健康を守ってくれる存在が子年《ね》の人。一緒にいると何かとトラブルが起きやすい相性ですが、病気がちなときに知り合うと不思議と健康になれる相性です。子年の人と親しくなったり、やさしくサポートしたりすることが、狛犬タイプの健康や長寿につながるでしょう。

恋愛 子年の人と一緒にいる限り、健康面の不安を感じることがあまりありません。結婚して添い遂げることができれば、健やかに過ごせるでしょう。ただし、ケンカが多くなりがちです。互いを思いやりストレスをためないように。

仕事 仕事の上では、意見を否定されたり、食い違ったりすることが多いため、ウマが合わないと感じる相性ですが、自分とは違った考えやニュアンスをくれる人です。心を広くし、耳を傾けることで人間の幅を広げてくれるでしょう。

狛犬×丑年

福寿縁

極楽

　一緒にいることで華やかな気持ちになり、たくさんの幸運に恵まれる素晴らしい相性です。ラッキーな出来事が相次いで起こるので、真面目に努力してきた人は、過去の努力が報われた、頑張ってきて良かったと思えるでしょう。狛犬タイプへの注目も高まります。

恋愛 情熱的できらびやかな恋愛をさせてくれる相手です。丑年《うし》の人と出会うと周囲からも後押しされ、自然におつきあいが始まるはず。結婚すると、円満な家庭を築けるだけでなく、物心両面での幸運に恵まれるでしょう。

仕事 丑年の人といると、ずっとやりたいと思っていた仕事が舞い込むなど、まわりもうらやむようなビジネスチャンスに恵まれ、期待する以上の成果を上げられるでしょう。できるだけ一緒にいる時間をつくり、夢を語り合いましょう。

狛犬×寅年 餓鬼

寅《とら》年の人といると、なぜか気持ちが軽くなり、リラックスできます。もっと人生を楽しもう、たまにはサボって遊ぼうと思えるでしょう。ただ、真面目な狛犬タイプは遊ぶことに対してあまり免疫がありません。溺れてしまわぬようほどほどに楽しむバランス感覚を持ちましょう。

恋愛 ミステリアスで、ダークな部分や弱さをわかってくれる存在です。楽しいおつきあいができますが、相手のことをだらしないと感じるなど、短い恋で終わってしまうかもしれません。遊びの恋になると、溺れて抜け出せなくなるので注意。

仕事 仕事上では、無理をしてでもやり抜こうと頑張る狛犬タイプにブレーキをかけ、救ってくれる存在です。上手に息抜きをする方法を教わって、仕事と休息のメリハリをつけられるようにしましょう。

狛犬×卯年 回帰

あきらめていたことが実現したり、忘れていた夢を思い出したりと、これまでの人生を挽回するチャンスを引き寄せてくれる存在です。まずは、卯《う》年の人とじっくり話す時間をつくるなどして、そのきっかけをつかみましょう。「これだ！」と思ったらタイミングを逃さないことも大切です。

恋愛 卯年の人との恋愛は、簡単には終わりません。たとえ一度別れたとしても復縁しやすい相手です。長いおつきあいが期待できる相手ですから、結婚を視野に入れて、じっくりと対話を重ねていきましょう。

仕事 不調だった事業がうまく進み始めるなど、これまでの苦労が報われる相性です。あきらめきれないでいる仕事がある人は、ぜひ卯年の人に相談してみましょう。突破口となるヒントが見つかり、サポートも得られるでしょう。

狛犬×辰年

福寿縁

天恵

辰《たつ》年の人との出逢いは、人生を大きく好転させるチャンス。金運をはじめとするさまざまな幸運を呼び寄せる相性です。一緒にいるだけでポジティブな気持ちになり、しあわせな出来事が舞い込みやすくなります。思い込みや既成概念は捨て、素直な気持ちでつきあいましょう。

恋愛 本人たちはもちろん、周囲の人までしあわせにする、素晴らしい相性。交際が始まると仕事もうまくいき、金運にも恵まれます。結婚すると、順調にお金が入るようになり、生涯お金に困ることなく、しあわせな家庭を築いていけるでしょう。

仕事 狛犬タイプが信じる道を突き進み、成果を出していけるよう、後押しをしてくれる存在です。辰年の人と一緒に組めば、不安要素がどんどん解消され、やりたい仕事に集中することができるはず。期待以上の出世の道が拓けるでしょう。

狛犬×巳年

老熟

まわりの人の意見や評価を気にしてしまいがちな狛犬タイプの心のよりどころとなってくれる存在です。短所も含めて狛犬タイプのすべてを受け入れ、励ましてくれるので、心に余裕が生まれ、思う存分実力を発揮できるようになります。生涯を通しての頼れる味方です。

恋愛 恋愛になかなか飛び込めない狛犬タイプをリードし、空回りしそうになるとたしなめてくれる相手です。穏やかな恋愛の喜びを味わえるでしょう。相手に感謝する気持ちを忘れなければ、結婚までスムーズに進んでいけます。

仕事 狛犬タイプの仕事人としての能力を高く評価してくれる人です。たとえ大多数が敵にまわったとしても、巳《み》年の人がいれば百人力。人脈が広くない狛犬タイプをさりげなくフォローし、仕事へのモチベーションを上げてくれるでしょう。

狛犬×午年　逢魔

最初の印象は良くても、距離が近づけば近づくほど、嫌な部分が目につき始めたり、良かれと思ってしたことが裏目に出たりと、人間関係の難しさや、人の心の複雑さを教えてくれる相手です。自身の未熟さを痛感させられるなど、慎重につきあうことで学ぶことはあるはずです。

恋愛「いい人のはず」という勝手な思い込みで突っ走ると、浮気をされるなど、真面目で一途な狛犬タイプには信じられないことが起こる相性です。冷静に相手の本質を見極め、自分の気持ちを確かめることが大切です。

仕事 自分に対する過信を戒《いまし》めてくれる存在。一緒に仕事をするとミスが出やすくなるので、こまめに見直したり、確認したりするなど、緊張感を持って取り組みましょう。初心にかえることの大切さを再確認できるでしょう。

狛犬×未年　空亡

魅力的に見えるときもあれば、嫌悪感を感じるときもある、二面性のある相性です。一緒にいると予想外の出来事も起きやすく、振り回されて疲れることもあれば、飛び上がって喜び合えるようなことも。「合わないかも」と思ったら、距離を置いて様子をみたほうが良いかもしれません。

恋愛 知れば知るほど好きになるか、声も聞きたくないほど嫌いになってしまうか予測不可能。恋愛中は全く問題がなかったのに結婚後に問題が発生する可能性も。長いつきあいを期待せずにつきあったほうがうまくいきやすいでしょう。

仕事 ウマが合えばうまくいきますが、無理して合わせようとすると最悪の結果になってしまう可能性もあります。ただ、狛犬タイプにはないスキルや能力を持っているため、学べることは多いはずです。クールに対応しましょう。

狛犬×申年―未明

ふたりが一緒にいると、これまで当たり前だと思っていた環境に、変化が起こりやすくなります。大切にしていたものを失ってしまうかもしれませんが、どちらが悪いわけでもありません。失って初めて気づくこともあると前向きにとらえ、前に進んでいく努力をしましょう。

恋愛 申《さる》年の人と恋愛をしたり、結婚をしたりすると、これまでの価値観が大きく揺さぶられ、大切なものを失くしてしまうかもしれません。その覚悟が問われますが、乗り越えると一層強い絆で結ばれるでしょう。

仕事 仕事にも何らかの変化をもたらす相性です。考え方を否定されてストレスがたまってしまう可能性もありますが、これまでの仕事や考え方をリセットして、新しいことに挑戦するエネルギーが湧いてくるでしょう。

狛犬×酉年―胎生

狛犬タイプが新しい世界へ飛び出すきっかけとなる相性です。一緒にいると人間関係や行動範囲が広がり、新しいことに挑戦したい気持ちが湧き上がってきます。新しい人脈をつくるのが苦手な狛犬タイプの背中を押し、より大きく成長するためのサポートをしてくれる存在です。

恋愛 狛犬タイプと違って、恋に対してとても積極的な酉《とり》年の人とつきあうことで人とのかかわりが増え、多くの人に囲まれて、刺激的な恋愛を楽しめそう。結婚をするといつも人が集まってくるような、楽しく賑《にぎ》やかな家庭を築けるでしょう。

仕事 狛犬タイプの行動力を高め、新しいビジネスに挑戦する力を与えてくれる存在です。コツコツと地道に仕事をする狛犬タイプが、より広い世界で活躍できるよう、陰となり日向となってサポートしてくれます。

狛犬×戌年

童幼

まわりに振り回されず我が道をいく狛犬タイプの性格をそのまま受け入れ、励ましてくれる存在が戌《いぬ》年の人です。いつも温かく見守っていてくれるので、明るく前向きな気分になれます。迷ったり、悩んだりすることが多い狛犬タイプも、自信を持って我が道を突き進んでいけるでしょう。

恋愛 恋をしたら脇目もふらず猪突猛進する狛犬タイプをきちんと受け止めてくれる相手です。お互いに素の自分を出すことができるので、微妙な恋の駆け引きなどせず、自然体で恋愛を楽しめるでしょう。結婚にも向いている相性です。

仕事 余計な気を遣わず、のびのびと仕事ができ、お互いに成長していける相性です。戌年の人と一緒に仕事をすることで、狛犬タイプの適性や本当にやりたかったことが明確になっていき、その能力を伸ばしていくことができるでしょう。

狛犬×亥年

福寿縁

縁起

親身になって相談にのってくれる、狛犬にとって最高のサポーターであり、アドバイザーです。自分自身ですら気づいていなかった長所を引き出し、開花させてくれる人でもあります。ときにはキツイことも言いますが、たとえ失敗しても離れていかない、信頼できる人です。

恋愛 これまでの恋愛経験の中で、最も信用できると思える相手です。結婚やその先の未来について具体的に話し合い、計画していけるので、結婚までの道のりもスムーズ。お互いの意志や家族を尊重し合える素敵な夫婦になれるでしょう。

仕事 素晴らしいプランを持っていても、それを人に説明するのが苦手な狛犬タイプに、的確なアドバイスをして成功へ導いてくれる存在です。亥《い》年の人がそばにいれば、もう半分成功したようなもの。理想的なパートナーと言えるでしょう。

宝船タイプ

愛にあふれる人。
面倒見が良く
正義感が強い
頑張り屋さん

宝船タイプとつきあうなら?

愛情深く、面倒見がとても良い人なので、やさしくされたら「なぜ?」などと思わず、懐に飛び込んでしまいましょう。遠慮しないでどんどん甘えたほうが喜ばれ、距離もグッと縮まります。

人づきあいの傾向

愛にあふれる温かい人。庶民的な感覚の持ち主で、相手がどんな人でも受け入れてしまう懐の深さもあるため、誰にでも愛されます。

また、面倒見がとてもいいので、困っている人、弱い立場の人に助けを求められると、放っておけません。後先を考えず、自分の時間やお金を投げ打ってでも人助けをしてしまうところがあります。たとえだまされても、「あの人が助かったのなら、それでいい」と思ってしまうおおらかでお人好しな面もあります。

同時に正義感が強く、曲がったことが大嫌い。大きな力を持つ相手にも、果敢な態度で「悪いことは悪い」と挑んでいくので、敵に回すと怖いタイプでもあるでしょう。

人脈は広いのですが、意外にも、あまり社交的なタイプではありません。いつもまわりの人を気遣い、エネルギーを消耗してしまうので、ときどき休まないと疲れ果ててしまいます。八方美人にならず、自分にとって本当に心地いい人とそうでない人を見極めて人づきあいができるようになると、もっとラクになるでしょう。

恋愛においては、好きになったら献身的に尽くすタイプです。夢を持って頑張っている人を応援するのが好きなので、相談にのっているうちに恋愛に発展するケースもありそう。宝船タイプは仕事と恋愛の境界線が曖昧になりやすい傾向があるので、職場恋愛も十分あり得ます。

根が野心家なので、仕事も真面目にこなしますが、横柄な態度の上司や先輩とは、どうしてもそりが合わないかも。ストレスをため込んだり、トラブルを起こしたりしないためにも、あまり細かいことは気にしないよう注意しましょう。

何事も頑張りすぎる傾向があるので、温かい家庭を築くとしあわせや安らぎを得られます。

宝船×子年 回帰

過去にあきらめていたことがあるなら、子年《ね》の人とお近づきになってみるといいかも。一緒にいると、過去の経験や人間関係を活かすチャンスが訪れる、そんな相性です。また、一度離れることでより縁が深まります。長い年月を経て、より強い縁で結ばれていくでしょう。

恋愛 恋愛はタイミングも大切。たとえ好きでもうまくいかないことだってあります。子年の人とは、一度別れてもう一度再会することで、うまくいく可能性があります。再び巡り会えたときのため、自分磨きをしておきましょう。

仕事 仕事で岐路に立たされたとき、あるいは転職したいとき、相談するといい相手です。いつもはあまり親しくなくても、慣れない仕事や難しい仕事を任されたとき、本来の自分の強みを思い出させ、心の支えになってくれるはずです。

宝船×丑年 福寿縁 天恵

宝船タイプに強く明るいエネルギーを与えてくれる人。自分を信じることができ、すべてが充実して感じられるようになります。一緒にいると金運に恵まれますが、お金だけの関係になってしまうと、破綻してしまうので注意を。心のつながりを大切にしましょう。

恋愛 頑張ったり、無理をしたりすることでしあわせをつかもうとする宝船タイプですが、丑年《うし》の人と一緒なら、自然体のままでもしあわせになれそう。結婚にも最適な相性。精神的・経済的に安定し、明るく温かい家庭を築けます。

仕事 一緒にいると、宝船タイプの庶民的な感覚や正義感などが存分に活かされ、仕事のやりがいや成功につながります。ひとりで何もかも抱え込んでしまいがちな宝船タイプにとって、生涯信頼できるビジネスパートナーになるでしょう。

宝船×寅年 老熟

向上心が強く、頑張りすぎるところがある宝船タイプをやさしく包み込み、安心させてくれる人。面倒見がよく、いつも人のことを心配している宝船タイプにとって、自分を心配してくれるとても貴重な存在です。一緒だとリラックスし、気持ちも落ち着くので、物事が順調に進み始めます。

恋愛 ふたりで力を合わせれば何だってできる、という気分にさせてくれる相性。〝相手を支えたい〟という気持ちが強い、ほほえましいカップルになれそう。お互いの足りない部分を補い合うので、結婚すれば生活も心も安定するでしょう。

仕事 宝船タイプは、自分のために頑張るより、他の誰かのために頑張るほうが力が出せますが、寅年《とら》の人のために頑張ると、仕事がよりスムーズに進み、想像以上の成果を出せるでしょう。その結果、周囲からの評価も高まります。

宝船×卯年 逢魔

なぜか振り回されてしまう相性です。卯年《う》の人と一緒にいると、なぜかうまくいかなかったり、予想もつかないトラブルに見舞われやすくなったりと、苦労するかもしれません。自分の後ろ暗いところを突きつけられたり、人を見る目を鍛えられたりもするでしょう。

恋愛 卯年の人とは何かと気持ちがすれ違いがちで、ラクをしてしあわせになれる相性ではありません。宝船タイプのやさしさに甘え、わがままになったり、浮気をしてしまったり。その覚悟があるなら気持ちを伝えましょう。

仕事 お互いの波長が合わず、嚙み合わないようになるとトラブルや失敗を引き起こす可能性があります。ただ避けるのではなく、互いにきちんと情報を共有し、ひとつひとつ確実に進めていくよう心がけましょう。

宝船×辰年 ― 空亡

ウマが合うような相性ではありませんが、一緒にいると、善くも悪しくも予想外のこと、ときにはとても劇的なことが起こります。ヒリヒリした刺激を求めるなら、波乱に富んだ展開をエンジョイしましょう。穏やかな日々を望むなら、自分を見失わないことが何より大切です。

恋愛 先が読めず、良いときと悪いときの差が激しい、ジェットコースターのような恋愛になるでしょう。短い恋のつもりで距離をうまく取ったほうが意外と長続きします。恋愛感情に溺れすぎないようにしましょう。

仕事 仕事上でも、大成功と大失敗のどちらに転ぶかわからない、非常にスリリングな相性です。一緒に仕事をするのは、一種の賭けのようなもの。体力がないときや、安定した成果を望む場合は、距離を置いたほうが無難でしょう。

宝船×巳年 ― 未明

宝船タイプの運命を大きく変えてしまう可能性を秘めるのが巳《み》年の人。新しい世界に飛び込むためのきっかけを与えてくれる人かもしれません。ただし、お互いが目指す方向が異なるため、長続きはしないかも。いずれ別々の道に進むかもしれませんが、人生の大切な出逢いとなるはずです。

恋愛 価値観が異なり、あまり縁の深い相手ではないため、マンネリ化してしまうと気持ちが離れてしまいそう。つきあいに変化を入れるよう努力することが大切です。たとえ短い恋に終わったとしても、その時の宝船タイプには必要な人です。

仕事 一緒に仕事をすると、宝船タイプのやり方や考え方を否定され、挫折感を味わうこともあるかもしれませんが、学ぶことも多いはず。成長するために必要なステップだととらえ、乗り越えていきましょう。

宝船×午年　胎生

宝船タイプが新しいことを始めたいと思ったとき、変化を求めているときに力を与えてくれる存在です。チャレンジ精神を刺激し、迷ったときには背中を押してくれるでしょう。一緒にいると、いつも新鮮な気持ちでいられるはず。何かに行き詰まったときにも、新しい発想を与えてくれます。

恋愛 刺激的で楽しい恋愛ができる相手です。行ったことのないデートスポットを開拓したり、一緒に新しい趣味にチャレンジしたりと、いつも新鮮な感動を味わえそう。結婚してもいつまでも恋人同士のような夫婦になれるでしょう。

仕事 午年《うま》の人と一緒に仕事をすれば、人脈がどんどん広がっていきます。おかげで、人とかかわることが好きな宝船タイプの長所を活かすことができ、仕事の幅も広がりそう。やりがいを感じながら思い切り仕事ができる相手です。

宝船×未年　童幼

どちらかというと、人に尽くされるより、人に尽くすほうが多い宝船タイプですが、この人となら、尽くし・尽くされるという、バランスの良い関係を築けます。いつも誰かが思っていてくれるという安心感はかけがえのないもの。何事も前向きになることができ、成長できます。

恋愛 愛情深い宝船タイプにとって、自分と同じくらい深く愛してくれる人の存在は貴重。未年《ひつじ》の人との恋愛は相思相愛で、深い満足感を得られるでしょう。結婚することで、互いに成長できる素晴らしい相性です。

仕事 宝船タイプが未年の人を支えることで、仕事がうまく進んでいきます。サポート役に徹することで仕事の全体像をとらえることができるようになり、宝船タイプの成長につながり、まわりからの評価も高まるでしょう。

宝船×申年
福寿縁
縁起

協力し合うことでお互いの良さやエネルギーを最大限に高め合うことができる、素晴らしい相性です。お互いにパワーアップするので、ときにはぶつかってしまうこともあるかもしれませんが、多少のトラブルなど問題にならないほど、ぐんぐん前に進んでいける最強のパートナーです。

恋愛 ふたりは人生を高め合うバディ。互いを応援し合い、着実に夢を実現していける相性です。同じ目標を設定すれば、協力しながら一緒に成長していけるでしょう。結婚すれば、二人三脚で理想の家庭を築いていけます。

仕事 宝船タイプの決断力を高め、支えてくれる存在です。悩んだり、迷ったりしたときも、この人と一緒なら百人力。自信を持って決断することができるでしょう。お互いに信頼し合うことで、大きな成功を手に入れることができる相性です。

宝船×酉年
衰勢

どんな人でもおおらかに受け入れることができる宝船タイプが、この人だけはちょっと苦手かもと感じるような貴重な存在。最初は厄介だと思っても、思いきって本音でぶつかっていくことで関係は変わっていきます。ケンカするほど仲が良いと言われるような関係になれるでしょう。

恋愛 一緒にいると頼ったり、甘えたりしてわがままになってしまう相性です。他の人には決して言わないことまで言ってしまい、大ゲンカになってしまうことも。大人になる努力をして、相手にやさしく接しましょう。

仕事 すぐに誰とでも打ち解けられる宝船タイプにとって、珍しくウマが合わないと感じてしまう相手です。時間はかかりますが、話し合いを重ねればわかり合えます。相手の考えを尊重できるようになれば、成長しているでしょう。

宝船×戌年

福寿縁

極楽

戌《いぬ》年の人は宝船タイプにとってビタミン剤のような存在。つらいとき、いちいち状況を説明しなくても顔色ひとつで理解し、優しく受け止めて癒《い》やしてくれます。逆に嬉しいときは、一緒に喜び、しあわせを倍増させてくれます。お互いの人脈を共有し合うことができる、生涯の友です。

恋愛 お互いにとって一番の理解者になれる、素晴らしい相性です。言葉にしなくても、お互いが望んでいることがわかるので、理想の恋愛ができるでしょう。結婚への道もスムーズ。息の合った仲良し夫婦になれるでしょう。

仕事 一緒に取り組んだ仕事は、いつもスムーズに進み、期待以上の成果を出せる相性です。おかげで職場の雰囲気もよくなり、ふたりのまわりには自然と人が集まります。出世への道が自然と拓かれていくでしょう。

宝船×亥年

餓鬼

遊ぶなら最高の相性。一緒にいると「もっと人生を楽しまなきゃ」という気持ちが盛り上がって羽目を外してしまいそうです。しかし、はしゃぎすぎは、裏目に出てしまうので要注意。仕事や生活をおざなりにしないよう、しっかり自身の手綱を握っておきましょう。

恋愛 一緒にいると最高に楽しいけれど、将来を見据えた真面目な話には、なかなか発展しづらい相性です。結婚を望むなら、楽しいことだけでなく、面倒なことも一緒に乗り越えていける相手かをしっかり見極めましょう。

仕事 楽しい職場の雰囲気をつくってくれる人ですが、一緒にいると、緊張感が緩んでしまいがち。うっかりミスをしないように、オンとオフの気持ちのメリハリをつけ、緊張感を持って仕事に臨みましょう。

熊手タイプ

人懐っこくて
おおらか。
逆境にも強い
キュートな人

熊手タイプとつきあうなら？

差別や偏見が大嫌いなので、上から目線で接すると反撃されます。裏表がなく、人を思いやる気持ちはホンモノです。気分屋でややルーズな面もありますが、細かいことはおおめに見てあげて。

人づきあいの傾向

誰からも愛されるキュートな人です。人を疑ったり、計算したりしない子どものような純粋な心の持ち主。警戒することなく誰とでも仲良くなってしまうため、傷つくことも多いのですが、立ち直りも早く、傷つくたびに強くなっていくたくましさも持っています。おおらかな性格のため、失敗することも多いのですが、人懐っこく、いつもどこからか助ける人が現れます。人の失敗にも寛容で、相手を責めたり、怒ったりするより、「いい勉強になったね」とポジティブに励まします。

年齢や性別、職業を問わず誰とでも仲良くなれるため交友関係は幅広いのですが、威張っている人だけは大嫌い。自分自身も部下や後輩にやさしく接します。

基本的にとてもモテるタイプで、恋愛も大好き。ただし愛情表現がストレートで、好きになったらグイグイと自分の気持ちを伝えようとするので、相手が負担に感じてしまうことも。恋愛経験を重ねていくことで恋のスキルが高まっていきますが、器の大きい、エネルギッシュな人でなければ、熊手タイプの強い愛情を受け止めきれないでしょう。

仕事では、自分の価値を認めてもらえるよう一生懸命努力するため、頼りになる存在になっていきます。しかし、頼まれると断れないため、余計な仕事まで引き受けるハメになってしまうことも。本領を発揮するには、熊手タイプの性格や得意分野を理解してくれる上司やマネージャーのような存在の人と一緒に仕事をするといいでしょう。

寂しがり屋のため、ひとりでいると落ち着きません。家庭を持つことで、より仕事に勢力的に取り組み、成果を上げていけるでしょう。

結婚しても恋愛を続けられるようなパートナーが理想。家庭でも家族に惜しみなく愛情を注ぎ、献身的に尽くす良き家庭人となるでしょう。

熊手×子年 餓鬼

一緒にいると、気持ちが軽くなることが多く、熊手タイプをリラックスさせたり、楽しませてくれたりする人です。遊びの相性はピッタリで、うまくいけば良い方向に進んでいけるでしょう。ただ、調子にノリすぎてしまうと、悪い流れを引き寄せてしまいます。遊びすぎには要注意。

恋愛 恋愛が大好きな熊手タイプにとって、あれこれ考えずに、ライトに恋を楽しめる相手です。しっかり将来のことを考えられれば良いのですが、ワンナイトラブなど、遊びの恋にもなりやすい相性でもあります。

仕事 凝り固まった頭をリフレッシュさせてくれる相手です。行き詰まったときに相談すると解決のヒントが見つかるでしょう。ただ、息抜きのつもりで声をかけたら、仕事に身が入らなくなったなんてことも。オン・オフの切り替えを。

熊手×丑年 回帰

過去に置き去りにしていたものを取り戻すきっかけを与えてくれるのが丑《うし》年の人です。この人と一緒にいると、疎遠になっていた人と再会したり、忘れていた夢を実現するチャンスが舞い込んだりしそう。そのチャンスを逃さないようにすると、熊手タイプの人生が好転していきます。

恋愛 非常に結びつきが強い相性。一度離れて別々の人生を歩んでいても再び巡り会って結ばれたり、古くからの知り合いと偶然再会したら恋愛に発展したり、「再会」に縁があります。結婚しても末永く良い関係を続けていけるでしょう。

仕事 熊手タイプの才能を開花させたり、パワーアップさせたりするきっかけをくれる人です。なかなか評価されない、日の目を見ないと感じているなら、丑年の人に相談してみましょう。再就職のサポートをしてくれる可能性もあります。

熊手×寅年

福寿縁

天恵

深くかかわると、金運や幸運が巡ってきやすくなる素晴らしい相性です。きっと、熊手タイプにない発想を持っているはず。寅《とら》年の人の意見を尊重していると、人生が自然と良い方向に動き出すでしょう。ただし、お金だけの結びつきになってしまうとうまくいきません。心を大切に。

恋愛 恋愛の相性も最高。人生にさまざまな幸運が舞い込みます。純粋であるがゆえに生きづらさを感じてきた熊手タイプに自信を与え、愛される幸福感で満たしてくれるでしょう。結婚すると経済的にも生涯を通して恵まれます。

仕事 お互いの長所を最大限に活かせる相性のため、仕事がスムーズ。相手を信頼して全力で仕事に打ち込むことができるので、自然と評価が上がり、経済的にも潤います。より大きな仕事のチャンスをつかむことができるでしょう。

熊手×卯年

老熟

ここぞというとき、素晴らしいヒントやアドバイスを与えてくれるのが卯《う》年の人。逆に、相手を助けることで、熊手タイプも成長していくという、ウィン・ウィンのいい関係になれるでしょう。この人には遠慮せず何でもストレートに話してOK。実りある会話ができる相手です。

恋愛 足りないところを補い合える相性です。熊手タイプの弱点を理解した上で愛してくれるので、安心して甘えられます。結婚すれば、お互いの性格ややりたいことを尊重し合える、親友のような夫婦になれるでしょう。

仕事 仕事の成果につながる適切なアドバイスをしてくれる、信頼できる人です。この人の言葉や存在が力となって、仕事のクオリティが上がったり、幅が広がったりして、充実感を味わえます。迷ったときに相談するといい相手です。

熊手×辰年　逢魔

辰《たつ》年の人と一緒にいると、なぜか予想外のトラブルに巻き込まることがありますが、そこをうまく乗り越えることで絆が深まる相性です。相手のアラが目についても、持ち前のおおらかさとポジティブさで温かく見守り、わかり合っていくと良いでしょう。

恋愛 覚悟が問われる恋愛となるでしょう。すれ違いがあったり、親しくなったと思ったら相手の気持ちが離れたり、浮気や不倫に走ったりと、不安にさせられることも少なくありませんが、そこを乗り越えられれば、距離は縮まるでしょう。

仕事 苦手なことを克服するチャンスをくれる相手です。一緒に仕事をすると、思いも寄らないことが起きたり、慣れないことを任されたりして落ち込むことがあるかもしれませんが、前向きにとらえて踏ん張ることで成長できるでしょう。

熊手×巳年　空亡

熊手タイプにとって、巳《み》年の人は神秘的に見えて惹かれることがありますが、相性としては、すぐに意気投合して親しい関係になるか、「この人とはソリが合わない」と感じて、嫌なところばかりが目につくようになるかのどちらか。両極端な結果に分かれるでしょう。

恋愛 ドラマティックな恋愛になりやすい反面、トラブルや障害も多くなる相性です。乗り越える壁が高ければ高いほど、力を合わせて絆は強まりますが、その前に気持ちが覚めてしまうことも。最初から深入りをせず、慎重に見極めを。

仕事 正反対の相性のため、互いの長所を活かすことができれば、いい化学反応が期待できます。その逆に、短所が目につき始めると足の引っ張り合いになってしまう可能性も。おおらかな熊手タイプの腕の見せどころです。

熊手×午年　未明

熊手タイプの生き方や考え方に変化をもたらす相性です。変わるきっかけを与えてくれる人ではありますが、それによって混乱してしまうことも。信頼できる人に相談するなどして、客観的に自分を見つめましょう。ポジティブな変化だと確信できれば、突き進んでみるのも良いでしょう。

恋愛 午年《うま》の人とは、熊手タイプのこれまでの恋愛観を覆すような刺激的な恋愛が楽しめますが、慣れないことだけに安らげず、途中で苦しくなってしまうかも。相手を思いやるだけでなく、自分を大切することも忘れずに。

仕事 一緒に仕事をすると、相手のペースに振り回され、ストレスがたまってイライラするかもしれませんが、持ち前の寛大な気持ちで優しく接すれば、トラブルになることはなく、熊手タイプをサポートしてくれることもあるでしょう。

熊手×未年　胎生

新しい世界へ飛び出すきっかけを与えてくれる相性です。未年《ひつじ》の人と一緒にいると、視野や人脈が一気に広がりそう。「今のままでいいの?」と問いかけられるかもしれません。熊手タイプの向上心やチャレンジ精神に火をつけ、迷っていたら、背中をポンと押してくれるでしょう。

恋愛 未年の人とのデートは、楽しいことだらけ。熊手タイプが自分のしたいことをし、やりたいようにやっても、お互いしあわせを感じられます。今までガマンしていたことも、全部やってみましょう。結婚しても、自由でいられる相手です。

仕事 未年の人がそばにいれば、自由な発想で積極的にチャレンジできます。新しい業務でも、新しい職場でも、この人が上司なら、少しハードルの高い仕事を任されたとしても、自分でも意外なほど実力を発揮できるでしょう。

熊手×申年

童幼

熊手タイプにとって申年《さる》の人は、信頼でき、心穏やかに過ごせる相手。まるで古くからの友人のように飾らず素直につきあえるので、一緒にいるだけで元気が出たり、楽しい気分になったりします。また、これまで経験したことのないような新しい世界を見せてくれることもあるでしょう。

恋愛 お互いの社会的地位や経済状況などと関係なく、子どもの頃のような純粋な気持ちで恋愛ができる相手です。人として心から信頼できるので、比較的早い段階から、生涯をともにする相手として意識するようになるでしょう。

仕事 まわりに気を遣ってストレスをため込みがちな熊手タイプを何かとフォローし、仕事をしやすい環境をつくってくれる人です。相手に感謝する気持ちを忘れなければ、お互いの得意分野で存分に力を発揮し、成果を上げられるでしょう。

熊手×酉年

福寿縁

縁起

お互いの価値を認め合い、応援し合える心の友。酉年《とり》の人を大切にしていれば、困ったときには必ず駆けつけてくれ、大事な決断をするときには、自分のことのように親身になって相談にのってくれるはず。どんなときも、この人だけは味方になってくれると思える、心強い存在です。

恋愛 この人と一緒なら、どんな困難でも乗り越えられると思える相手です。お互いを愛する気持ちが非常に強く、ゆるぎない絆で結ばれるため、ケンカをしても別れるという選択肢が浮上しません。ふたりの結婚は、多くの人から祝福されます。

仕事 お互いを成功に導く、素晴らしいビジネスパートナーです。お互いの長所を活かしてあうんの呼吸で進めていけるので、仕事がスピーディ。いち早く時代の波に乗って事業を成功させるなど、まわりからも注目されていくでしょう。

熊手 × 戌年

衰勢

ケンカをしながら、だんだんわかり合えるようになっていく相性です。何かとぶつることが多く、うまくいかないと感じるかもしれませんが、相手を理解し、困難を乗り越えながら良い関係を築ければ、熊手タイプを刺激する存在に。一緒にいるだけでやる気が出て、前向きになれるでしょう。

恋愛 これまで好きになった人とは違う魅力で惹かれますが、振り回されるかも。熊手タイプの覚悟が問われる恋愛となるでしょう。理解し合えれば絆は確かなものになりますが、その前に気持ちが離れてしまうことも。慎重に進めましょう。

仕事 仕事上でも対立しやすく、本音で話し合うことで良い結果を得られる相性です。相手が上司や取引先の人なら、なかなか言いたいことも言えないかもしれませんが、本音で話し合える機会を持つと、案外うまくいくかもしれません。

熊手 × 亥年

福寿縁

極楽

一緒にいるだけでお互いの気持ちが高まる素晴らしい相性です。今まで出会ったことのないタイプの人を紹介してくれるなど、熊手タイプの人生をより豊かにする、さまざまなきっかけを与えてくれるでしょう。出会うことができたら、末永くおつきあいしていきたい相手です。

恋愛 亥《い》年の人とはケンカになることがほとんどありません。会えばいつも楽しくて、すぐまた会いたくなる相手です。前向きなエネルギーを与えてくれるので、結婚すると公私ともに充実した人生を送っていけるでしょう。

仕事 亥年の人と仕事をすると、自然と協力者が集まってきて、仕事がどんどん大きく、楽しくなっていきます。当然、まわりからの評価も高まります。努力をすれば必ずいい仕事ができ、報われると感じさせてくれる相性です。

鯛タイプ

視野が広く
思慮深い
不言実行の人

鯛タイプとつきあうなら?

初対面のとき、不機嫌そうに見えたとしても、単に人見知りが激しくて顔がこわばっているだけ。心を開くまでに時間がかかりますが、一度親しくなると生涯相手を大切にする人です。

人づきあいの傾向

頭の回転が速く、思慮深い人。真面目で礼儀正しく、人当たりもやわらかで、どことなく品の良さを感じさせます。また、視野が広く、全体像をすばやくつかんで行動します。学習能力や事務能力も非常に高く、仕事も私生活もひとつひとつきちんとこなしていきます。古いもの、伝統的なものに縁が深いので、文化や芸術の分野でも頭角を現していくでしょう。

対人関係も良好そのもの。友情に厚く仲間を大切にするので、学生時代からの友達を生涯大切にしていきます。礼儀正しく聞き上手なので、年上の人からも可愛がられ、引き立てられます。

恋愛においても、非常に真面目に誠実におつきあいをするタイプ。ただし、恋愛感情のような理屈で説明しにくい気持ちを表現するのが少々苦手かも。堂々としているように見えても、好意を伝えるのがあまり得意ではありません。また、「男とはこういうもの」「女はこうあるべき」といった、少し古風な恋愛観を持っているところもあります。既成概念にとらわれず、もっと素直に相手に伝えるようにすると、恋愛をもっと楽しめるでしょう。

仕事においても、真面目で堅実。学習能力が高く、マーケティング能力や行動力もあるので、どんな職種でもそつなくこなし、信頼を勝ち取ることができます。基本はしっかりとできているので、それを応用したり、オリジナルのアイデアを生み出す能力を磨くと、大きな成功を手にすることができるでしょう。

将来に備えてしっかり貯蓄するなど、人生設計を立て、ひとつひとつ着実に実現していくタイプなので、何歳になっても安定した暮らしをすることができます。そんな生き方を支えてくれる伴侶を見つけることができれば、しあわせな家庭を築いていけるでしょう。

鯛×子年　老熟

鯛タイプを刺激し、さまざまな初体験をさせてくれる人です。石橋を叩いてもなかなか渡らない鯛タイプですが、子《ね》年の人が背中を押してくれると、なぜか勇気が湧いてきます。また、野心が生まれ、これまでより多くのものを手に入れることができるでしょう。

恋愛 子年の人との恋愛は、鯛タイプの人生設計に変更をもたらしそう。一緒にいると、毎日がチャレンジや冒険の連続。人脈も広がり、楽しい恋愛ができるでしょう。想定外のことを受け入れる度量も生まれ、人間としても成長していけます。

仕事 新しい視点やアドバイスを与えてくれる存在です。鯛タイプは学習能力が高いので、この人の考え方をすぐに習得できるはず。一緒に仕事をすると学ぶことが増えて忙しくなりそうですが、得られる成果も大きいでしょう。

鯛×丑年　逢魔

次につながる失敗をともに経験する、相棒的な存在です。一緒にいると、想定外のことばかりが起こりますが、前向きに対応すれば、たとえ失敗したとしても糧《かて》となり、今後へとつながっていきます。ともにいろんなことにチャレンジすると、成長するヒントをもらえるでしょう。

恋愛 鯛タイプの恋愛力を高めてくれる相手です。丑《うし》年の人との恋愛はまるでトレーニング。何かと振り回されてしまいますが、それをひとつずつクリアしていくうちに、恋愛力は少しずつアップ。成長した自分に出会えるはずです。

仕事 一緒に仕事をすると、慣れないことや苦手なことを押しつけられたり、無理を強いられたりしますが、難題をクリアするたびに鯛タイプはスキルアップしています。厳しく映るかもしれませんが、成長のきっかけを与えてくれる人です。

鯛×寅年　空亡

鯛タイプにとって寅《とら》年の人は、ウマが合って意気投合するか、最悪な印象になるかのどちらか。両極端な結果に分かれやすい相性です。また、良かれと思ってもやったことが誤解を生んだり、失敗したりと、何かと裏目に出やすいので、少しずつ距離を縮めていったほうが良いでしょう。

恋愛 恋愛の相性も両極端。ウマが合えばとんとん拍子に進みますが、合わなければ一瞬にして終わります。一度意見が合わなくなると関係もすぐにギクシャクしてしまうので、最初から多くを求めずにつきあったほうが長続きするでしょう。

仕事 何かと期待に反する「逆の結果」をもたらす存在です。失敗しそうな案件を抱えているときに寅年の人がかかわると、意外と成功することがあります。ただし、その逆も。備えあれば憂いなし。危機管理はしっかりしておきましょう。

鯛×卯年　未明

卯《う》年の人と一緒にいると、善くも悪しくも鯛タイプの考え方を大きく変える必要に迫られ、その結果、日常や周辺があわただしくなってしまうかもしれません。判断に迷ったら、少し距離を置いて客観的に状況を見極めましょう。こんなときこそ、鯛タイプの冷静さが身を助けます。

恋愛 いつもは恋に対して非常に慎重な鯛タイプが、ぐいぐい積極的になれる相性です。ただし、いざ突き進んでみると、意外と思い描いていた人とは違うタイプだった、などということもありえますので、ご注意を。

仕事 卯年の人と一緒に仕事をすると、慌てて対応しなければならないことが増え、とにかく忙しくなりそう。これを機に、仕事のやり方や環境を見直しましょう。きっと、将来役立つスキルが身につくはずです。

鯛×辰年　胎生

仕事でも、趣味でも、何か新しいことを一緒に始めるにはとても良い相性です。慎重な鯛タイプも、この人が背中を押してくれると、なぜかやる気が湧いてきます。今までは気づかなかった才能が開花することも。自分ひとりならやらなかったと思うことでも、ぜひチャレンジしてみましょう。

恋愛 辰《たつ》年の人は、鯛タイプをどんどん新しい世界へ導いていってくれます。ふたりでいろいろな経験をし、思い出を積み重ねていく喜びを感じさせてくれる人です。結婚してもふたりで良い家庭を築いていけるでしょう。

仕事 辰年の人と一緒だと、次々と新しい仕事にチャレンジしていけます。いつもなら躊躇《ちゅうちょ》してしまいそうな高いハードルにも、思い切ってチャレンジしてみましょう。鯛タイプの事務処理能力が活かされ、まわりの評価も高まります。

鯛×巳年　童幼

お互いの可能性を引き出し合える相性です。ふたりは視点がまったく違うので、一緒にいるとお互いの意外な魅力や才能が発掘され、まわりからも注目されるはず。もし、巳《み》年の人と出会えたら、ぜひじっくり話をしてみましょう。会話がはずみ、たくさんの発見ができるはずです。

恋愛 巳年の人とは、それまで鯛タイプがしてきたのとは全く違ったタイプの恋愛が楽しめます。互いに惹かれ、尊重し合えるので、双方にとって刺激的で、人間的に豊かに成長させてくれる良いパートナーとなるでしょう。

仕事 お互いの経験を共有することで、成功をつかめる相性です。過去の成功や失敗の体験をおおいに語り合うと、仕事のヒントや突破口が見つかるはず。新規の事業や起業のパートナーにもぴったりの相性です。

鯛×午年

福寿縁

縁起

鯛タイプが、しあわせな人生を切り拓いていく上で重要な役割を果たす人です。とくに、重要な決断をするとき。慎重な性格の鯛タイプが迷っているときと背中を力強く押してくれたり、的確なアドバイスをくれたりして、力になってくれるでしょう。信頼の置ける人です。

恋愛 ドキドキするような大胆な恋愛ができる相性です。昔からの友人は、情熱的な鯛タイプを見てびっくりするかも。一生忘れられないような思い出を積み重ねていけるでしょう。結婚しても恋人同士のような熱々カップルになれます。

仕事 鯛タイプを高く評価し、引き上げてくれる存在。一緒に仕事をするときは、頭の回転の速さや学習能力の高さを積極的に出すことで信頼が高まり、良い関係が築けるでしょう。好パートナーとして長く働ける相性です。

鯛×未年

衰勢

トラブルを乗り越えていくことで、絆が深まる相性です。ふたりが一緒にいると、何かとトラブルに巻き込まれますが、それを乗り越えていくことで仲良くなれます。意見が合わずに対立してしまうこともあるかもしれませんが、本音でぶつかることが大切です。

恋愛 ケンカするほど仲良くなる相性です。一度口論になると、鯛タイプのほうが意固地になって長引かせてしまうかも。相性そのものは良いので、きちんと話せば仲直りできるはず。わかり合えるようになれば結婚への道も見えてくるでしょう。

仕事 いつもクールで仕事のできる鯛タイプには珍しく焦りが出やすい相手です。一緒に働くと、急《せ》かされたり緊張させられたりしますが、乗り越えることで成長できます。とはいえ、ストレスのためすぎは体調を崩します。無理はしないように。

鯛×申年

福寿縁 極楽

鯛タイプの人生を好転させるきっかけをもたらす、素晴らしい相性です。申《さる》年の人と一緒にいると楽しい気分になるだけでなく、幸運が舞い込みやすくなるでしょう。もっとしあわせになりたいと願うなら、ぜひ申年の人を見つけて親しくなりましょう。

恋愛 一緒にいれば、ただそれだけでしあわせを感じられる素敵な恋愛の相手です。自然と笑顔が増えて、気持ちもどんどん高まります。円満な家庭をつくれる相性なので、結婚を迷う必要はありません。人もうらやむ素敵な夫婦になれます。

仕事 お互いを高め合い、大きな成果を出せる相性です。申年の人と一緒にいると実力以上の力を発揮できるでしょう。出世や収入アップも期待できそう。ただチャンスを待つだけでなく、一緒に取り組める仕事を積極的につくりましょう。

鯛×酉年

餓鬼

一緒にいると楽しい時間を過ごせますが、気持ちが休まるあまり、やる気や集中力が途切れてしまうかも。羽目を外しすぎると、うっかりミスが増えたり、信頼を失ったりと、日常生活や仕事に影響が出てしまいます。オン・オフをうまく切り替えるようにしましょう。

恋愛 軽いノリで恋愛するにはいい相性です。恋愛の楽しみ方を教わるつもりで、楽しくおつきあいすると良いでしょう。ただ、真面目な鯛タイプにとっては、結婚までは考えられないかも。場合によっては、遊ばれて終わる可能性もあります。

仕事 どんなことも冷静沈着にそつなくこなす鯛タイプを乱す存在です。仕事をしているのに遊びに誘いに来たり、邪魔をしたりと、うるさくて集中できなくなってしまうかもしれません。仕事中はうまく距離を取りましょう。

鯛×戌年

回帰

過去に失敗したこと、あきらめていたことに再挑戦する勇気を与えてくれ、成功に導いてくれるのが戌《いぬ》年の人です。この人との何気ない会話から、問題解決のヒントが見つかるかもしれません。自分ひとりでは解決できない悩みを抱えているときは、ぜひ戌年の人に相談してみましょう。

恋愛 別れても、再会してもう一度結ばれる可能性が高い相性です。過去に傷つけ合って別れたとしても、戌年の人との縁はなかなか切れません。人生経験を積んで再会したふたりなら、以前とは異なる前向きな恋愛ができるでしょう。

仕事 失敗をチャンスに変えられるタフな相性です。戌年の人と一緒なら、失敗した経験を活かしてより良い道を探ることができます。あきらめずに再チャレンジしていけば、いずれはより大きな成功をつかめるでしょう。

鯛×亥年

福寿縁

天恵

一緒にいるだけで、金運・幸運を手にすることができる素晴らしい相性です。お互いの強みを倍増させ、弱点を補い合うことができるので、一緒なら無敵という気分になれるでしょう。また、ずっと頑張っているのに報われないというときは、亥《い》年の人とつきあうと努力が実るでしょう。

恋愛 頑張って努力したり、作戦を練ったりしなくても、自然と惹かれ合い、しあわせになれる相手です。一緒にいることでお互いの金運が高まるので、結婚すればお金の心配も無用。ふたりの結婚はまわりの人にも幸運をもたらすでしょう。

仕事 お互いのミスや失敗をカバーし合うことで、どんどん良くなっていく相性です。収入アップや昇進のチャンスも巡ってきます。これまでの努力が報われ、頑張ってきて良かったと思わせてくれる相手です。

金平糖タイプ

美的センスが高く堅実で真面目な良き家庭人

金平糖タイプとつきあうなら？

考え方が落ち着いているので、うわべだけの会話や軽はずみな行動はタブーです。年齢に関係なく知的な人に惹かれるので、心を射止めたければ、深みのあるマニアックな会話がおすすめです。

人づきあいの傾向

美意識が高く、几帳面でとても真面目でコツコツ努力をする人。古風なところもあり、古いものをいつまでも大切にします。センスがよく、立ち居振る舞いも美しいので、一見華やかに見えますが、本人は派手なこと、目立つことが苦手。そのギャップが人を惹きつける魅力となっていますが、自分の魅力には無頓着なところがあります。

おしゃべりが大好きで話し上手ですが、大勢の人に囲まれてワイワイおしゃべりをするよりは、ごく親しい友人との語らいを好みます。交友関係は広いほうではありませんが、好奇心が旺盛なので、知的で個性的な友人が多く、年上の人からも可愛がられます。ありきたりな世間話しかしないタイプの人、軽薄な話しかしない人は、ちょっと苦手かもしれません。

モテるタイプなのですが、恋愛に対してはかなり高い理想を持っていて、そのため恋愛経験はそれほど多くありません。お金持ちよりは知的で才能のある人を好きになる傾向が強く、好きになったら一途に尽くします。

器用で細かい事務処理でもコツコツ真面目にこなすため、どんな仕事でもそつなくこなしますが、知的好奇心の強さを活かせる分野で仕事をすると、才能が開花します。また、知識や技術を習得するスピードが速いので、引き立ててくれる人に恵まれれば、ガツガツ上を目指さなくても、自然に実力を身につけてそれなりのポジションにつくことができるでしょう。

経済観念がしっかりしているため、私生活はとても堅実。人生設計をきちんと立てて倹約し、コツコツと貯蓄するタイプです。基本的にお年寄りと子どもが好きなので、結婚すると舅・姑や子どもをとても大事にする、良き家庭人になるでしょう。子どもの教育にもとても熱心です。

金平糖×子年

福寿縁 天恵

子年《ね》の人といると、堅実で真面目な金平糖タイプのこれまでの努力が報われ、さまざまな幸運・金運が巡ってきます。家などの不動産が欲しいなら、この人に相談するといいでしょう。親しい人以外とのコミュニケーションが苦手な金平糖タイプをフォローし、人間関係を円滑にしてくれます。

恋愛 金平糖タイプが理想とする恋愛ができる相手です。多くを語らなくても好みを理解してくれ、気持ちをわかってくれるので、今までにない安心感、幸福感を得られるでしょう。結婚すると末永く円満な家庭を維持できる相手です。

仕事 金平糖タイプの言葉足らずな部分をフォローしてくれるので、周囲の人たちとのコミュニケーションが円滑になり、仕事も効率よく進んでいきます。これまでの努力が報われて大きな利益を生み、出世や昇給などにもつながります。

金平糖×丑年

老熟

金平糖タイプの良いところをよく知っていて、応援し、成長させてくれるのが丑年《うし》の人です。厳しいことを率直に言ってくれる人でもあるので、ケンカをして一時的に離れるかもしれませんが、後になってしみじみとありがたみを感じることができるでしょう。強い縁で結ばれた大切な人です。

恋愛 お互いに心地いいペースで恋を楽しむことができる相性です。金平糖タイプの気持ちを汲み取り、優しくフォローしてくれるので、長くつきあっていくほど信頼が高まっていくでしょう。結婚すると、穏やかな家庭を築いていけます。

仕事 金平糖タイプの努力や能力を認めてくれ、引き立ててくれる人です。丑年の人と一緒にいると、知的好奇心が刺激され、さまざまなアイデアを思いつきそう。これまでの努力が報われて評価され、人脈も広がっていきます。

金平糖×寅年 逢魔

寅《とら》年の人といると、突然不意打ちを食らうようなことが起きたり、なぜだか気持ちがすれ違ってしまったりと、人間関係の難しさや複雑さを教えてくれる相性です。人生にはいろいろなことが起こるのだと気づかされ、自分の未熟さを痛感させられることもあるでしょう。

恋愛 瞬時に惹かれ合っても相手を冷静に見つめる視線を持ってください。本来とても真面目な金平糖タイプが、不倫など危険な関係になりやすい相性です。覚悟が問われる恋愛となるでしょう。情熱だけで走らず、まわりの意見にも耳を傾けて。

仕事 一緒に仕事をすると、思うように動いてくれなかったり、意見が合わなかったりと、ストレスを感じることも少なくありませんが、自分とは異なるものの見方や考え方があることを教え、価値観を広げてくれる人です。

金平糖×卯年 空亡

予想もつかないようなことが起こりやすくなる相性です。一緒にいると、良くも悪くも予想外のことが起こって振り回されるので、心身ともに疲れますが、対応していくうちに金平糖タイプにはない受け止め方や考え方を知れたり、自分の課題が見えてきたりするでしょう。

恋愛 なぜこんな人を好きになったのだろうと自分で不思議に思うほど、タイプではないのに強く惹かれてしまう相性です。つきあい始めると、山あり谷ありで波乱が多くなりそうですが、乗り越えるうちに恋愛力が高まるでしょう。

仕事 一緒に組むと、成功と失敗の差が大きく出る相性です。良いことも悪いことも起こるので、さまざまな経験を通して大きく成長していけます。意見がぶつかることもありますが、感情的にならず、冷静に対応すればうまくいくでしょう。

金平糖×辰年 ― 未明

良いことも悪いことも、一緒にいると何かが変わってしまうような相性です。馴れ合いで続いてきた人間関係を断捨離したり、固定概念を一新させるような新鮮さを味わわせてくれたりしますが、古いものを大切にする金平糖タイプにとっては戸惑いが大きいかも。上手につきあいましょう。

恋愛 辰《たつ》年の人とつきあうと、予想外の展開が多くなり、これまでの恋愛では経験したことがないようなワクワク感を楽しめます。しかし、徐々についていけないと感じることが出てきそうです。自分の気持ちに正直につきあいましょう。

仕事 一緒に働くと、リセットされる相性です。職場の人間関係を一新してくれることもあれば、これまで一生懸命やってきた仕事を台無しにされてしまうことも。どんなことが起きても、新しい世界の入口とポジティブに受け止めましょう。

金平糖×巳年 ― 胎生

金平糖タイプの視野を広げ、新しい世界を見せてくれる存在です。巳《み》年の人といるとエネルギーが湧き上がってきて、チャレンジ精神も旺盛になりそう。迷っているときは背中を押してくれ、人生にいい変化をもたらしてくれる、素敵なパートナーになるでしょう。

恋愛 変化に対応するのが苦手な金平糖タイプを優しくエスコートし、新しいことに挑戦する楽しさを教えてくれる人です。これまでの恋愛とは違う恋愛を楽しむことができるでしょう。長いおつきあいができる相性です。

仕事 自分の得意な世界にこもってしまいがちな金平糖タイプにとって、新しい経験をさせてくれる人です。巳年の人と一緒に取り組めば、初めての仕事でも大きな成果を得られそう。勇気を出して飛び込んでみましょう。

金平糖×午年

童幼

まだ表に現れていない金平糖タイプの魅力や能力を自然に引き出してくれる存在です。一緒にいると穏やかで楽しい気分になり、前向きに、マイペースにいろいろなことに挑戦し、経験を積み重ねていけるでしょう。心を許し、リラックスしてつきあっていける相手です。

恋愛 午《うま》年の人はじっくり時間をかけて恋をしたい金平糖タイプに、ピッタリの恋愛相手です。ケンカも少なく、穏やかで安定した恋愛を楽しめるでしょう。一度おつきあいをすると、縁が続きそう。結婚向きの相性です。

仕事 派手さはなくても、着実に、安定的な成果を上げていける相性です。ゆっくりと成長していけるので、気持ちに余裕が生まれ、お互いのミスをしっかりカバーし合うことができます。長くつきあうほどツーカーの関係になれる相手です。

金平糖×未年

福寿縁

縁起

決断力が冴《さ》え、良い流れに乗ることができる相性です。一緒にいると実力以上の力を発揮できるでしょう。未《ひつじ》年の人と語らうと、気持ちも前向きになり、明るい未来を信じることができます。力を合わせて進めば、新たな未来を切り拓いていけるでしょう。

恋愛 自分の気持ちを言葉にするのがあまり得意ではない金平糖タイプでも、未年の人になら本音で話すことができ、お互いに理解し合える良い関係を築いていけます。いつも温かい言葉で励まし、背中を押してくれる人です。

仕事 地道に努力していけば、必ず報われると教えてくれるのが未年の人です。焦らず、じっくり仕事に取り組めるので、実力以上の成果を上げることができるはず。ただし、相手を頼りにしすぎて自分を甘やかさないようにしましょう。

金平糖×申年 衰勢

一緒にいると何かと問題が起こりますが、それを乗り越えるたびに絆が強くなる、ケンカするほど仲が良くなる相性です。自分を曲げず、頑固になりすぎてはうまくいきませんから、相手の意見に耳を傾けるようにしましょう。必ずわかり合える相手です。

恋愛 つい余計なひと言を口走ってケンカになってしまいますが、あとくされなく、さっぱり仲直りできる相性です。本音でぶつかり、わかり合うことができれば、結婚の道も見えてくるでしょう。相手を理解しようとする気持ちが大切です。

仕事 一緒に仕事をすると、何かと人間関係のトラブルが起こると感じるかもしれません。周囲の人を巻き込んで衝突してしまい、後から自分を責めてしまうことも。時には相手に合わせることも大切だと教えてくれる人です。

金平糖×酉年 福寿縁 極楽

ふたりで一緒にいることで、実力以上の運を与え合える相性です。一緒にいる時間を増やすほど、幸運に恵まれるでしょう。大事なのは、その幸運に甘えすぎないこと。いいことがあったら、幸運に感謝し、そのぶん努力すると、将来にわたって安定的にしあわせを持続していけるでしょう。

恋愛 ふたりとも恋愛に対する理想が高いのですが、お互いに相手が理想とする自分になるよう努力するので、一緒にいると成長できます。周囲がうらやむような華やかでしあわせな恋愛ができ、結婚にもつながりやすいでしょう。

仕事 一緒に仕事をすると、協力者が集まってきて、実力以上の成果を上げることができます。幸運に甘んじず、より高い目標を掲げて努力していくことで、人生を変えるような大きな成功を得ることができるでしょう。

金平糖×戌年

餓鬼

とにかく楽しい気分で一緒にいられる相性です。しかし、それだけに満足してしまうと気が緩み、ラクなほうラクなほうへと流されてしまいます。楽しく遊ぶには最高の相手ですが、何か重要なことに取り組むときには緊張感を持ち直すなど、気持ちの切り替えが大切です。

恋愛 戌《いぬ》年の人とは刺激的で楽しい恋愛ができますが、危険な関係になりやすい相性です。また、お互いに夢中になりすぎて、まわりが見えなくなってしまうことも。魅力的な相手ですが、溺れてしまわないよう気をつけましょう。

仕事 真面目にコツコツと仕事をする金平糖タイプに似合わない些細《ささい》なミスをしてしまう可能性があります。無駄なおしゃべりをして上司や先輩に叱られてしまうことも。戌年の人との仕事はできるだけ早く終わらせるようにしましょう。

金平糖×亥年

回帰

壁にぶつかってしまったとき、やさしくアドバイスをしてくれて、再起する勇気とチャンスを与えてくれるのが亥《い》年の人です。なんとなくやる気を失っているときも、本当にやりたかったことを思い出させてくれ、背中を押してくれるでしょう。再婚や再就職の相談をすると良い人です。

恋愛 一度つきあうと強い縁が生まれ、たとえ何らかの事情で離ればなれになったとしても、なかなか縁が切れません。何度でも再会し、お互いにとって一番いいタイミングで再び結ばれる可能性が高いでしょう。

仕事 亥年の人は固定概念にとらわれず、斬新なアイデアをどんどん与えてくれます。一緒に仕事をすると、崖っぷちで起死回生し、大成功するということもあり得るでしょう。大きな達成感や充実感を味わわせてくれる人です。

招き猫タイプ

社交的で
流行にも敏感、
フットワークが
軽い頑張り屋

招き猫タイプとつきあうなら？

自分の世界が強い人なので、それを尊重することが大切です。何か気にさわるようなことを言ってしまったら、すぐに謝りましょう。一度関係がこじれると仲直りに時間がかかるタイプです。

人づきあいの傾向

明るく社交的でエネルギッシュな人です。好奇心が旺盛で流行にも敏感なため、いつもスケジュールがいっぱいですが、むしろ、予定が少ないと落ち着きません。フットワークも軽く、忙しく飛び回っているほうがイキイキとして見えます。

人をとても大切にするので、交友関係も華やか。その場を明るく盛り上げるのでどこへ行っても人気者になれます。また、人を見る目があり、自分にとって有益な相手がどうかを見極めるのも上手。ときには損得勘定で人づきあいをすることもありますが、不思議と敵をつくらないでしょう。

ただ、人には見せない自分だけの世界があり、その中には決して人を立ち入らせません。やや意地っ張りなところもあり、一度これと決めたら、たとえうまくいかなくても、あの手この手を駆使して何とか押し通そうとするところがあります。あまり人に弱みを見せないタイプですが、ときには自分の内面をさらけ出し、甘えることを覚えると、もう少しラクになるでしょう。

恋愛に関しては、かなり積極的。好きになった人には気持ちを隠さず、ストレートに愛情表現をして上手に親密な関係に持ち込みます。ただ、見た目や肩書きだけで人を好きになってしまうこともあるので、その点だけは注意しましょう。

仕事では、人前に進んで出ることで成功しやすいタイプです。陰で真面目に努力して一定の成果を上げるので、周囲からも信頼されます。出世に対して貪欲になり、職場のリーダー的な存在を目指して努力すると、一段上のポジションに上がれるでしょう。

オン・オフの切り替えがうまいので、仕事とプライベートを両立していけます。家庭でも家族が楽しめるアイデアを豊富に出すことで、しあわせになれるでしょう。

招き猫×子年　空亡

子《ね》年の人との出逢いは、招き猫にとって最大の試練にも、最高の幸運にもなり得ます。自分の弱点を指摘されたり、自分にとって非常に苦手なことを強いられたりするかもしれませんが、もしそれを乗り越えることができれば、最高のしあわせを得ることができるでしょう。

恋愛 気持ちを伝えると、成功するか失敗するかがはっきり出る相性です。「いい友人で」などというう、中途半端な結果にはなりません。憧れの人にダメもとで告白したらうまくいったなんていう可能性もあるでしょう。

仕事 一緒に仕事をすると、予想ができないような結果が出る相性です。成功か失敗かどちらに転ぶかわかりません。入念に準備しても裏目に出てしまうかもしれませんが、乗り越えることで力がつきます。成長の糧《かて》と受け止めましょう。

招き猫×丑年　未明

良くも悪くも、これまでの人生をリセットすることができる相性です。一緒にいることで、過去の悲しみや不安を忘れさせてくれることもあるでしょうし、その逆に、積み上げてきた努力や人脈を失ってしまうこともあるかもしれません。自分の気持ちに正直につきあいましょう。

恋愛 もし、忘れることができない過去の恋があったとしても、丑《うし》年の人と出会うことでそれをリセットして、新しい恋に向かっていくことができます。別れ話がこじれているときは、丑年の人に相談すればうまく清算できるでしょう。

仕事 丑年の人は、仕事上の人脈を見直すきっかけをくれます。足を引っ張る人や、悪影響を与える人とキッパリ縁を切ることができるかもしれません。複雑な職場の人間関係などを整理し、新しい気持ちで仕事に集中できるでしょう。

招き猫×寅年　胎生

寅《とら》年の人と一緒にいると、自然と元気が出て新しい世界に踏み出す勇気をもらえます。視野が広がり、初めてのことでも失敗を怖れず、前向きに取り組めるはずです。行動範囲が広がり、人脈も広がっていきそう。やりたいと思っていたことがあるなら、思い切ってチャレンジしてみましょう。

恋愛 恋愛初心者のような、新鮮な気持ちでつきあっていける相性です。長くつきあっても出会った頃のときめきを忘れない、素敵なカップルになれそう。結婚しても倦怠期などとは無縁。人が集まるさわやかな家庭を築いていけるでしょう。

仕事 一緒に新たな目標を設定して、どんどん先に進めていける相手です。招き猫タイプも、寅年の人と一緒なら心を割って話せるはず。何事も相談し、情報を共有し合うことで、仕事が順調に進み、より大きな成果を得られます。

招き猫×卯年　童幼

前向きに生きるための明るいエネルギーを与えてくれるのが卯《う》年の人。子どもの頃のようなワクワクした楽しい気持ちを思い出させてくれて、自分自身の可能性や将来性を信じられるようになる相性です。何かに悩んでいても、「何とかなるさ」と気持ちを軽くしてくれます。

恋愛 お互いの気持ちを素直に話すことができる素敵な相性です。いつまでもラブラブな楽しい恋愛ができるでしょう。ふたりならどんな困難でも乗り越えられるという気分になれるはず。結婚するにも良い相性です。

仕事 卯年の人は何事もポジティブにとらえ、失敗を怖れずに仕事にチャレンジさせてくれます。ふたりの仕事ぶりをまわりも微笑ましく見守ってくれ、職場の雰囲気も良くなります。周囲の人の協力を得て成果を上げていけるでしょう。

招き猫×辰年

福寿縁

縁起

お互いにエネルギーを与え、高め合っていける相性です。言いたいことを言い合える相手なので、ケンカになることもありますが、大事な決断をするときは親身になって一緒に考え、背中を押してくれます。気持ちを尊重し合っていれば、幸運が巡ってくるでしょう。

恋愛 恋人同士になると、お互いに自己主張が強くなって、ケンカが増えてしまうかもしれませんが、それは本気の証《あか》し。お互いが最高のサポーターになれる素晴らしい相性です。結婚すれば、一緒に努力して家庭を築いていけるでしょう。

仕事 意見が食い違うことがあっても、お互いの能力や価値観を認め合える相性です。仕事の成功やお互いの成長のために欠かせないパートナーになれそう。真剣にぶつかり合うことで、より大きな成果を得られるでしょう。

招き猫×巳年

衰勢

人づきあいが上手な招き猫タイプでも、巳《み》年の人とのおつきあいには戸惑ってしまうかも。一見、やさしく見えても、甘えると肩すかしを食らったり、厳しいひと言が返ってきたりとミステリアスな存在です。ただし、緊張感を持って接すれば学ぶことも多く、成長させてくれる人です。

恋愛 巳年の人との恋愛は、とても刺激的でスリリング。考え方や価値観の違いでぶつかることも多いかもしれませんが、そこにまた惹かれてしまいそう。結婚を考えるなら、将来について一度じっくり話し合ってみましょう。

仕事 一緒に仕事をすると、厳しい指摘をされるなど、招き猫タイプを決して甘えさせてくれません。しかし、弱点を克服させてくれ、仕事に対する意識も高めてくれる相性です。めげずに食らいついていけば、成長や評価につながるでしょう。

招き猫×午年

福寿縁

極楽

高い目標を掲げてともに頑張ることで、レベルアップしていける相性です。ふたりのエネルギーがまわりの人を呼び込むので、賑《にぎ》やかで活気あふれる毎日を過ごすことができるでしょう。招き猫タイプの実力以上の幸運が巡ってきて、人生が大きく好転するきっかけになるかもしれません。

恋愛 お互いに愛情が深く、長くつきあうことで強い絆で結ばれていきます。まさに運命の人と言えるような相性です。また、午年《うま》の人の言うことは示唆に富んでおり、招き猫タイプを人として成長させてくれるでしょう。

仕事 仕事上でも、一緒に高い目標に向かっていける相手です。相手の期待に応えようとすることで、仕事のスキルも上がり、自然に結果がついてくるでしょう。起業や独立のパートナーとしても理想的な相性です。

招き猫×未年

餓鬼

緊張した気分を和らげてくれる相手です。疲れているときは、冗談を言って笑わせてくれるなど、いろいろと気遣ってくれるでしょう。でも、相手のやさしさに甘えてばかりではダメ。やさしい気遣いに感謝し、相手が疲れているときは支えてあげることで、いい関係を築いていけます。

恋愛 恋愛の相談をするには最適な相手です。相談しているうちに、いつのまにか好きになっていた、などということもあるかもしれません。結婚すると、仕事で頑張る招き猫タイプの心のよりどころになるでしょう。

仕事 何かと頑張りすぎる招き猫タイプに、絶妙なタイミングで息抜きをさせてくれる人です。煮詰まったら、ぜひ未年《ひつじ》の人に相談してみましょう。突破口になるような面白いヒントを与えてくれるかもしれません。

招き猫×申年 回帰

最初はピンとこないかもしれませんが、つきあっていくうちに、じんわり相手の良さが伝わってくる相性です。じっくり話してみると、過去に接点があったなど、不思議な縁を感じる相手でもあります。長年にわたって良い影響を与え合える、招き猫タイプにとって大切な人です。

恋愛 第一印象はイマイチかもしれませんが、とても深い縁で結ばれている人です。いろいろ話をしてお互いを知っていくうちに、どんどん惹かれていくでしょう。友人から恋人、結婚相手へと変化していく可能性が高い相性です。

仕事 お互いの能力やスキルを活かし合っていくことができる相手です。最初はとっつきにくくても、一度一緒に仕事をしてみようかなと思える相手です。それぞれの経験や人脈もオープンにすると、良い結果を出すことができるでしょう。

招き猫×酉年 福寿縁 天恵

金運がぐんぐんアップしていく相性です。招き猫のこれまでの努力や苦労が、すべてお金というカタチとなって報われていくはず。心にも余裕が生まれ、人生が好転していくでしょう。ただし、金銭的なつながりだけになってしまうと、破綻します。真心で接しましょう。

恋愛 一緒に趣味を楽しんだり、将来について真剣に語り合ったりできる相性なので、ふたりが恋人になるのに、それほど時間はかからないかも。自然に結婚への道も拓かれます。結婚すると、一生経済的に困ることはないでしょう。

仕事 一緒に仕事をすると、業績がめきめきとアップしていくような相性です。しかも、お金になる仕事が舞い込みやすいので、ふたりの収入や貯蓄も順調に増えていきそう。まわりの人にも幸運を与える相性です。

招き猫×戌年

老熟

お互いを盛り立てていける相性です。良いアドバイスをくれるので、戌年《いぬ》の人と一緒にいるとホッとして安らぐことができそう。疲れているときやストレスがたまっているときも、不思議と前向きになれるでしょう。共通の趣味を持つと、将来にわたって充実した人生を送れるでしょう。

恋愛 お互いの仕事や生活を尊重し合い、ちょうどいい距離感でつきあえる相手です。大人の恋愛が楽しめるでしょう。つきあうにつれて、どんどんふたりの絆は深まり、同志のように支え合っていけます。結婚の可能性も十分にあります。

仕事 働くときは働く、遊ぶときは遊ぶというように、しっかりメリハリをつけて仕事ができる関係です。煮詰まって暗くなったり、ケンカになったりすることがないので、和気あいあいとした働きやすい職場がつくれるでしょう。

招き猫×亥年

逢魔

一緒にいると、いつもの自分らしさが出せずに空回りしたり、何かと裏目に出ると感じたりするでしょう。また、真面目に取り組んでいるときにふいに足を引っ張られたと思ってしまうことも。自分の未熟さを痛感させられる相手です。知ろうとすることで学べることがあるでしょう。

恋愛 亥《い》年の人との恋愛は、気軽な気持ちで楽しむには良いですが、真っすぐな心の招き猫タイプは傷ついてしまうかも。浮気をされたり、不倫に走られたりしてしまう可能性があります。覚悟が問われる相性と言えるでしょう。

仕事 招き猫タイプからすると、突拍子もないことを急に言い出したり、意表をつくようなことをしてきたりと、いつも調子を狂わされると感じる相手です。反面教師として、人とのつきあい方を見直してみましょう。

神輿タイプ

型にはまった
考え方が大嫌い。
頭脳明晰な
遊び心のある人

神輿タイプとつきあうなら？

好奇心が強く、恋愛体質なので、長くつきあってもロマンチックな雰囲気を大切に。一方、既成概念が大嫌いで知識も豊富なので、知ったかぶりや思い込みで話すとたちまちやり込められてしまうかも。

人づきあいの傾向

新しいモノ、華やかなものが大好きで、時代に合わせて柔軟に変化していける人です。遊び心があってノリがよく、聞き上手で話し上手。頭の回転が速く、人の心をつかむのがとてもうまいので、集団の中では目立つポジションにいることが多いでしょう。注目されればされるほど、エネルギーが高まり、魅力が増していくタイプです。

また、型にはまった考え方が大嫌いで、さまざまな人の意見に耳を傾けることを、何よりも大切にします。いつも楽しそうに見えますが、実は、その場の状況やまわりの人のことを、非常に冷静に見ているところも。人に厳しい意見を言うこともありますが、明るくズバッと言うので、相手を嫌な気持ちにさせないでしょう。

恋愛面では、愛嬌のよさと華やかさがあるので、自分からアプローチしなくても、とにかくモテます。おつきあいが始まると、主導権を握りたがる傾向がありますが、ふたりが楽しく過ごせるよういつも考えているので、ひとりの人と長くつきあっていけるでしょう。

仕事には強い信念を持っていて、妥協をしない頑固なところがあります。その一方で、少し手を抜いてしまうところも。その部分を指摘されないように一生懸命取り組めば、徐々に成長して評価されるようになります。目標となる憧れの人を見つけて親しくしたり、その人の本を読んだりすると、出世や成功のチャンスをつかめるでしょう。

家庭でも、いつも家族の中心的存在になって、みんなが喜ぶことを次々と実践していきます。ただし、若さに対するこだわりが強く、それが神輿タイプの動力源になっているため、見た目が老け込んでしまうとエネルギーダウンしてしまいます。いつまでも若々しくいられるよう健康管理をしっかりしていくようにしましょう。

神輿×子年 逢魔

一緒にいると、何かと裏目に出てしまい、トラブルが起こったり、自分らしさを出しにくいと感じたりするかもしれません。また、なぜかいつもとは違う判断をしてしまい、違った方向に進めてしまったり…。なぜそうなったのかを考え、改善していくことで、成長し合える相性です。

恋愛 気持ちがうまく伝わらず、歯がゆい思いをすることが多い相性です。良かれと思ってやったことが逆効果になり、ギクシャクしてしまうことも。自分のやり方や考え方を押しつけないようにすると、いい関係を築いていけるでしょう。

仕事 子年《ね》の人とふたりでいると、つい気が緩んでミスやエラーが増えたり、会話に夢中になってしまって上司や先輩に叱られたりしてしまうかも。一緒に仕事をするときは、短時間で集中してやりましょう。

神輿×丑年 空亡

ラクな組み合わせではありませんが、一緒にいると環境が大きく変わったり、思いもよらなかった世界へと誘ってくれたりする相手です。どんなことが起こっても「何事も勉強だ」と逃げずに取り組んでみましょう。学べることが多く、神輿タイプを鍛えてくれる相性です。

恋愛 ハプニングやトラブルが起こりやすく、半端な気持ちでつきあうような人ではありません。自分の気持ちを確かめ、相手への思いが本物なら、自分自身を鍛えるようなつもりで交際すると良いでしょう。覚悟が問われる相性です。

仕事 一緒に働くと環境や人間関係が変化していく可能性があります。大きな結果が期待できる反面、大変な仕事に取り組まなくてはいけなくなることもありますが、本気でステップアップを目指すなら、学べることが多いでしょう。

神輿×寅年 ― 未明

やや受身的なところがある神輿タイプにとって、とても貴重な相性です。寅《とら》年の人についていくだけで、どんどん人生を切り拓いていってくれます。変化にうまく対応していくことでさらに高みを目指せるでしょう。人間関係を整理し、成長のきっかけを与えてくれる人でもあります。

恋愛 過去の恋愛にとらわれがちな神輿タイプの恋愛観を良い意味で変えてくれるような相手です。つきあうにつれ、相手の雑なところに目がいきがちですが、いいところを見つけて褒めるようにすると良好な関係を続けていけるでしょう。

仕事 過去の失敗をリセットし、新たな気持ちで仕事に取り組んでいける相性です。ただ、今の人脈や環境が大きく変わってしまうかもしれませんから、大事なものを失ってしまう可能性も。慎重に見極めることが大切です。

神輿×卯年 ― 胎生

一緒にいると、新しい世界が切り拓けるような相性です。神輿タイプをうまく引っ張ってくれ、これまでにないような世界を見せてくれます。まだ知らない自分に出会えるかもしれません。ふたりで新しいことにチャレンジすると、視野も大きく広がっていくでしょう。

恋愛 ワクワクするような素敵な恋愛ができる相性です。デートは神輿タイプが主導権を握り、遊び心あふれるアイデアでどんどん相手を喜ばせましょう。結婚しても、一緒に趣味を楽しむなど明るい家庭を築けるでしょう。

仕事 独立や起業を考えたときに相談すると道が拓ける絶好の相手です。新しい業務に取り組んだり、新しい分野にチャレンジしたりするときなども頼りにすると良いでしょう。神輿タイプの背中をやさしく押し、飛び込む勇気をくれるでしょう。

神輿×辰年

童幼

お互いを認め合いながら、穏やかに過ごすことができる相性です。辰《たつ》年の人と一緒にいると、心が和んで軽くなり、疲れやストレスもどこかにいってしまうほど。わくわくするエネルギーが生まれ、いろんなことにチャレンジしたいと前向きになれるでしょう。

恋愛 気負わず、無理せず、自然体でつきあっていける人です。お互いの気持ちを素直に相手に伝えることができ、ケンカになることもほとんどないので、長いおつきあいになりそう。結婚すると穏やかで安定した家庭を築ける相手です。

仕事 辰年の人とは、楽しみながら一緒に仕事に取り組める相性です。衝突したりイライラしたりすることもあまりないので、前向きな気持ちで努力を続けていけます。評価につながったり、成功をつかんだりすることができるでしょう。

神輿×巳年

福寿縁

縁起

巳《み》年の人は、大きな決断に迫られたときに背中をそっと押してくれるなど、神輿タイプにとってとても心強い協力者。人生を方向づけるきっかけを与えてくれ、一緒にいると、心の底から自信やエネルギーが湧いてくるでしょう。いつも本気で応援してくれる人です。

恋愛 神輿タイプの良さが生かされ、前向きな恋ができる相性です。おつきあいすると、華やかで活気のある交際ができるので、楽しい思い出をたくさんつくっていけるはず。結婚しても、エネルギッシュにお互いを高めていけるでしょう。

仕事 巳年の人と組むと、決断力が出て、いろんなことがどんどん進展していきます。お互いの信頼も厚く、良い関係を築けるので、楽しみながら仕事をすることができます。相手のリードに安心感も覚えるでしょう。

神輿×午年

衰勢

一緒にいるとトラブルに遭遇することも多いけれど、協力して解決していくことで絆が生まれ、強い信頼で結ばれていく、戦友のような相性です。意見が対立してぶつかることがあっても、それが刺激になって奮起し、切磋琢磨していくことができるでしょう。

恋愛 神輿タイプは頼られるより、相手に頼りたいほうですが、依存しすぎてしまうと、ケンカが増えてしまいそう。自分のことは自分でやり、相手に負担をかけないようにすることが長続きの秘訣です。ギクシャクしたら自分を見つめて。

仕事 仕事でも切磋琢磨していけるような相性です。何かと意見が衝突することもありますが、この人から得るものも大きいはず。相手の仕事の仕方を認め、尊重し合って仕事を進めていくことで、自身のスキルアップにつながるでしょう。

神輿×未年

福寿縁

極楽

一緒にいると運と実力が高まり、まわりからも注目されるような幸運に恵まれる相性です。人懐っこい神輿タイプの良さを引き出してくれ、人脈が広がって大きなチャンスが舞い込むことも。未年《ひつじ》の人との出逢いは、人生がより明るいほうへ動き出す、大きなきっかけとなるでしょう。

恋愛 ふたりのまわりに自然と人が集まり、賑やかで楽しい恋愛ができる相性です。たくさんの人が応援してくれるので、結婚への道もスムーズ。とんとん拍子で話が進み、長い間夢見ていたようなしあわせな家庭を築いていけるでしょう。

仕事 世間から注目されるような「派手な成果」を上げることができる相性です。周囲の注目も高まり、大きく飛躍できるでしょう。また、一緒に仕事をすることで、自分でも気づかなかった潜在能力が開花することもあります。

神輿×申年　餓鬼

気持ちが軽やかになり、何か新しいことに挑戦したくなる相性です。ふたりなら楽しい関係を築いていけるでしょう。ただ、オンとオフをうまく切り替えないと、集中力が切れてミスをしがちに。細かな作業は慎重に行うよう心がけましょう。

恋愛 いつもはまわりが見えなくなってしまうほど恋愛にのめり込んでしまう神輿タイプが、ほどよい距離感でつきあえる相手です。新しい考えや価値観を教えてくれる人なので、まずは恋の練習をしてみるぐらいの軽い気持ちでつきあってみると良いでしょう。

仕事 仕事では、一緒にいるとなぜかサボりたくなるような相性です。ゲーム感覚で取り組めるような仕事ならワイワイとうまくいきますが、集中力が求められるような作業だと、相手を邪魔に感じてしまうかも。

神輿×酉年　回帰

心が折れそうなときに励ましてくれ、もう一度、頑張る気力を取り戻させてくれるような存在です。たとえ失敗したり、挫折したりしても、この人がいることで乗り越えられます。酉《とり》年の人のことを頼りに何度でも挑戦してください。一生懸命努力を続ければ、道は拓けます。

恋愛 話し合いを重ねることで、絆が深まっていく相性です。一度離れてしまっても、再び縁がつながりやすく、ヨリを戻すなんてことも。結果的に長いつきあいが続き、しあわせな結婚につながることも十分に考えられます。

仕事 過去の失敗を成功に活かせられる相性。酉年の人に、これまでどうしてもうまくいかなかった案件を相談すると、新しいアイデアを出してくれることも。結果としてやる気が高まり、仕事に邁進《まいしん》できるでしょう。

神輿×戌年

福寿縁

天恵

互いの欠点を補い合い、協力して進めていける素晴らしい相性です。戌《いぬ》年の人と一緒にいると、金銭面でも豊かになっていき、幸福感で満たされるでしょう。ただし、お金だけのつながりになってしまうとたちまち気持ちが冷め、破綻してしまいます。真心で接することが大切です。

恋愛 あうんの呼吸でわかり合える相性です。しあわせのオーラに満たされ、周囲もうらやむカップルになるでしょう。金運にも恵まれ、結婚してもお金に困ることはありません。みんなに祝福されてしあわせな結婚生活を送れるでしょう。

仕事 お互いの苦手分野をサポートしあえる関係を築けるでしょう。それぞれが得意分野を受け持って取り組めば、成果となって職場に利益をもたらすでしょう。同僚たちにも好影響を与え、みんなをしあわせにできる相性です。

神輿×亥年

老熟

心から信頼し、ともに充実した毎日を送ることができる相性です。神輿タイプにとって、これほど安心してつきあえる相手はそう多くありません。甘えても、つらいよーと叫んでもやさしく受け止めてくれる存在。亥《い》年の人といるだけで心強く感じられ、長くつきあうほどに絆は深まります。

恋愛 他の人が入り込むことができないようなふたりだけの世界をつくれる相手です。息の合うカップルとして、無理なく続いていくでしょう。精神的にも安定するので、結婚すると落ち着いた家庭を築いていけるでしょう。

仕事 仕事でも一緒に組めば、しっかり成果を出すことができる相性です。プライベートでも仲良くなろうと努力すると、神輿タイプの人生に彩りをもたらしてくれるでしょう。なるべく話す機会を増やしてみてください。

あとがき

二〇二〇年、『占いで強運をつかむ』が出版され、読んでくださった方々からさまざまな反響がありました。

「占いは当たる当たらないではなく、未来のために活かすものだったんですね」という嬉しいご意見。「脚本家の趣味じゃなくて、ガチで占い師だったのか！」と驚かれたりもしました。

今とても人気のある占い師さんは、こうおっしゃいました。

「人を脅したり怖がらせる占いに、僕も疑問をもっていたんです。じつは僕自身、占いに救われた人間だから……」その言葉に私も救われました。

「見料を払うので占ってください」というメールやお手紙もたくさんいただきましたが、丁重にお断りしました。

というのも、占いの勉強を始めて三年たった頃、「見料を取らずに、まず千人の人を占いなさい」と師匠の今村先生に言われたことを思い出したのです。高校生だった私はクラスメイトや知り合った人たちに片っ端から生年月日を訊き、一年間で千人を達成しました。

あれから約半世紀、私はどれだけ多くの人に出逢い、占いをもとに人間関係の修行をしてきたことでしょう……。

占いを活かした人間観察のおかげで、数々のドラマや映画の脚本を書くことができました。相性を味方につけて、人生のピンチも乗り越えることができました。

少女の頃なりたかった自分は、今の自分とはかけ離れていますが、それは出会った人たちが私の運命を軌道修正してくれたからだと思っています。

相性で運命は変えられるのです。

この本を手にしてくださった方々に、すばらしい出逢いがありますように。

世界が大きく変わろうとしている今、幸せな未来を信じられますように。

お祈りしています。

中園ミホ

中園ミホ（なかぞの・みほ）

1959年東京生まれ。脚本家。日本大学芸術学部卒業後、広告代理店勤務、コピーライター、占い師を経て、テレビドラマ『ニュータウン仮分署』で脚本家デビュー。2007年『ハケンの品格』で放送文化基金賞、2013年には『はつ恋』『ドクターX 外科医・大門未知子』で向田邦子賞と橋田賞をダブル受賞。2014年にはNHK連続テレビ小説『花子とアン』がヒットし、2018年には大河ドラマ『西郷どん』（林真理子原作）の脚本も手掛ける。クウネルサロンでは「中園ミホの福寿縁うらない」を毎週更新している。
https://kunel-salon.com

公式占いサイト「中園ミホ 解禁! 女の絶対運命」
https://nakazono-miho.com/?m=book

本文イラスト　大内郁美
編集協力　城所知子
鹿目聖名（株式会社CAM）
松平知子（ノート株式会社）

相性で運命が変わる
福寿縁うらない

2021年9月2日　第1刷発行

著者	中園ミホ
発行者	鉄尾周一
発行所	株式会社マガジンハウス
	〒104-8003 東京都中央区銀座3-13-10
	書籍編集部　03-3545-7030
	受注センター 049-275-1811
印刷・製本所	株式会社光邦
装画	須山奈津希
デザイン	小口翔平＋畑中茜＋須貝美咲(tobufune)

マガジンハウスのホームページ　https://magazineworld.jp/

 ISBN978-4-8387-3164-0 C0095

中園ミホのベストセラー

占いで
強運をつかむ

中園ミホ

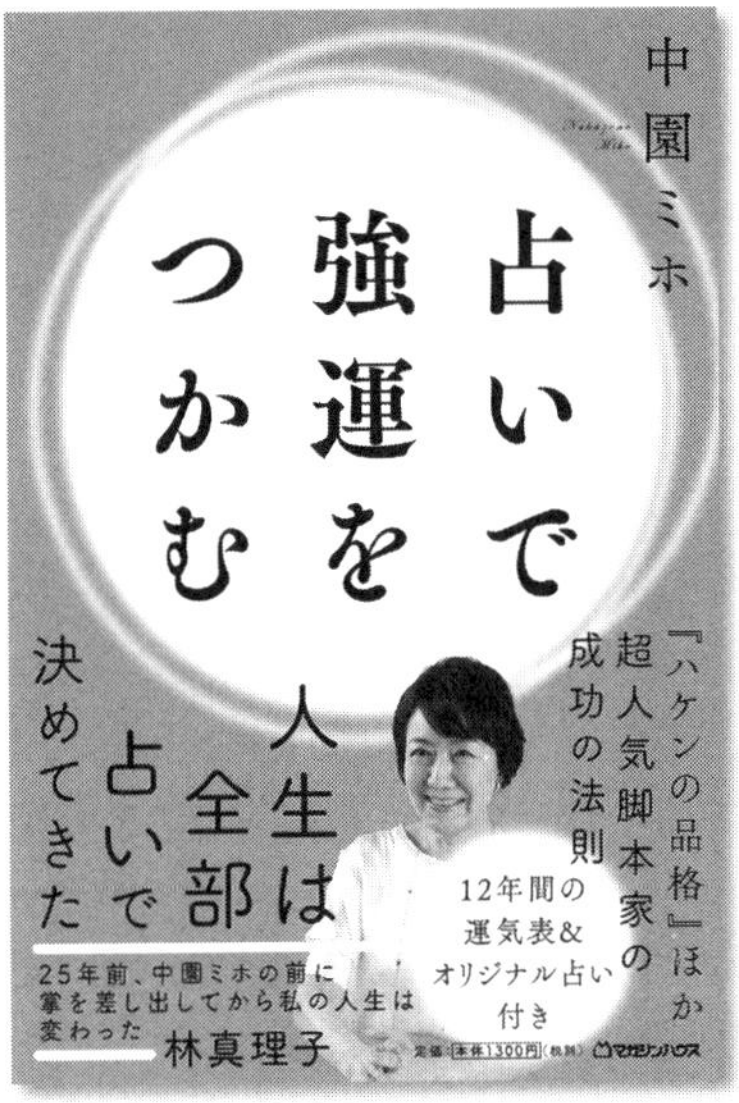

人生は全部、
占いで決めてきた！

『やまとなでしこ』『ハケンの品格』
『ドクターX 外科医・大門未知子』『花子とアン』『西郷どん』……
数々のヒット作を生み出してきた超人気脚本家の成功の法則とは？
1430円（税込）

公式占いサイト「中園ミホ 解禁！ 女の絶対運命」
http://nakazono-miho.com/?m=book

マガジンハウス